中国大学城

轻松跨进中国名校 上册

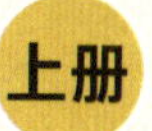

木 鱼 编著

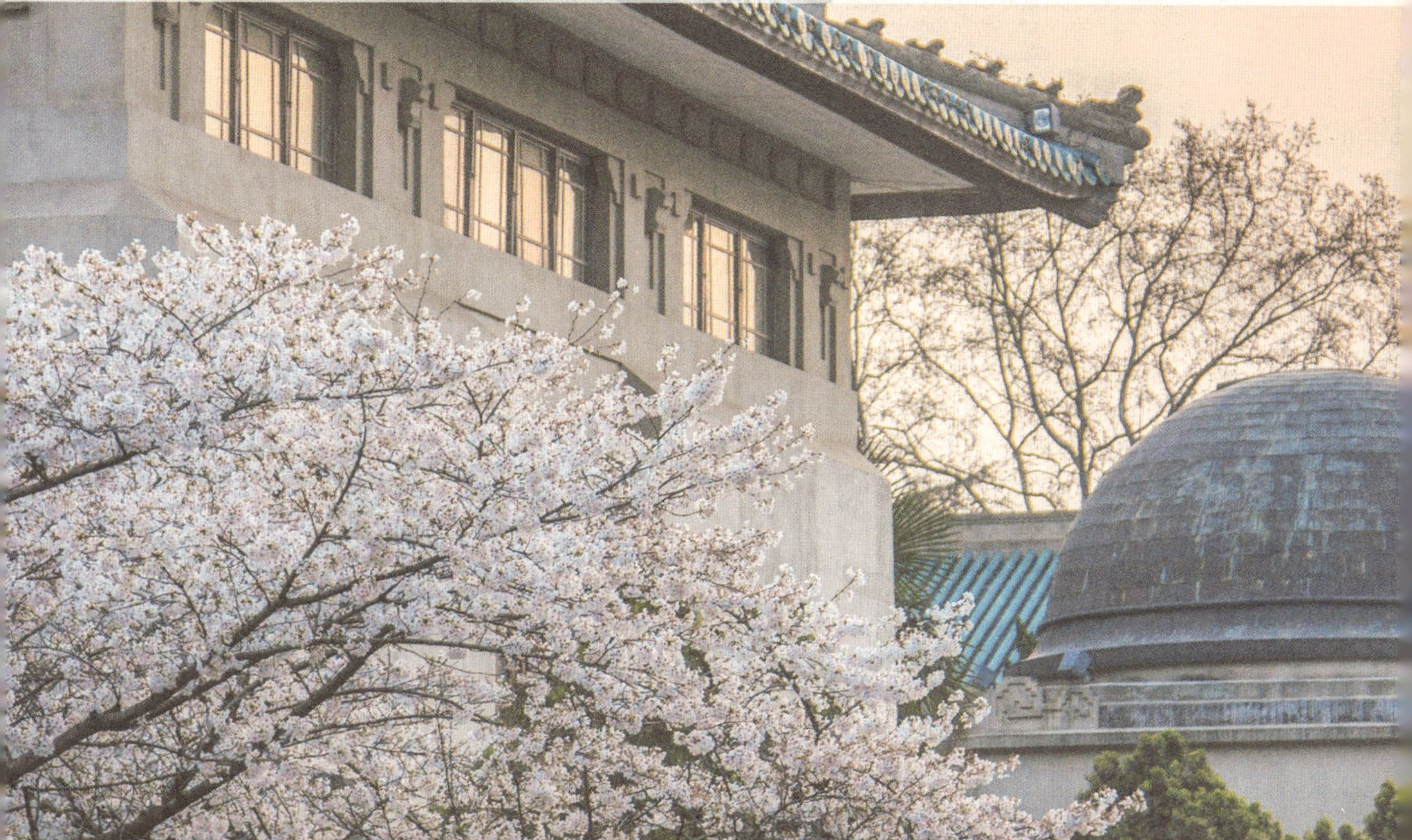

光明日报出版社

图书在版编目（CIP）数据

中国大学城：轻松跨进中国名校. 上册 / 木鱼编著.
北京：光明日报出版社，2024. 6. -- ISBN 978-7-5194-8032-5

Ⅰ. G649.1

中国国家版本馆CIP数据核字第2024M3H897号

中国大学城：轻松跨进中国名校 · 上册

ZHONGGUO DAXUE CHENG: QINGSONG KUA JIN ZHONGGUO MING XIAO · SHANG CE

编　　著：木　鱼

责任编辑：徐　蔚　　责任校对：孙　展

特约编辑：胡　峰　孙美婷　　责任印制：曹　诤

封面设计：于沧海

出版发行：光明日报出版社

地　　址：北京市西城区永安路 106 号，100050

电　　话：010-63169890（咨询），010-63131930（邮购）

传　　真：010-63131930

网　　址：http://book.gmw.cn

E - mail：gmrbcbs@gmw.cn

法律顾问：北京市兰台律师事务所龚柳方律师

印　　刷：天津睿和印艺科技有限公司

装　　订：天津睿和印艺科技有限公司

本书如有破损、缺页、装订错误，请与本社联系调换，电话：010-63131930

开　　本：200mm × 260mm　　印　　张：22.25

字　　数：610 千字

版　　次：2024 年 6 月第 1 版

印　　次：2024 年 6 月第 1 次印刷

书　　号：ISBN 978-7-5194-8032-5

定　　价：176.00 元（全 2 册）

目录

CONTENTS

北京

浙江

上海

湖北

江苏

北京

北京大学
清华大学
中国人民大学
北京师范大学
北京航空航天大学
北京理工大学
中国农业大学
北京科技大学
北京协和医学院
北京交通大学
北京邮电大学
北京化工大学
北京工业大学
中国石油大学（北京）
首都医科大学
对外经济贸易大学
中国政法大学
首都师范大学
北京林业大学
北京外国语大学
中国传媒大学
中央民族大学
中央财经大学

北京大学

Peking University

学校信息

院校代码： 10001

建校时间： 1898 年

学校类别： 综合类

办学层次： “双一流”“211 工程”“985 工程”

学校地址： 北京市海淀区颐和园路 5 号

光辉岁月

1898 年： 初名为京师大学堂

1912 年： 更名为北京大学

1937 年： 与清华大学、南开大学南迁长沙，共同组成国立长沙临时大学。次年，西迁昆明，更名为国立西南联合大学

1946 年： 在北平复学

1952 年： 院系调整，北京大学成为一所以文理基础教学和研究为主、兼有前沿应用学科的综合性大学

1994 年： 成为“211 工程”首批重点建设的高校之一

1998 年： 首批入选“985 工程”

2017 年： 入选国家“双一流”建设高校

2022 年： 入选第二轮“双一流”建设高校及建设学科名单

文化长廊

知名校友

▸ **屠呦呦**：1951年考入北京大学医学院，在北大医学院药学系生药专业学习。1955年，毕业于北京医学院（今北京大学医学部）。因在疟疾治疗研究中的突出贡献——发现青蒿素，2015年获诺贝尔生理学或医学奖，成为第一位获得诺贝尔科学奖项的中国本土科学家、第一位获得诺贝尔生理学或医学奖的华人科学家。现为中国中医科学院首席科学家。

知名校长

▸ **蔡元培**：民主革命家、教育家、思想家。1916年12月至1927年8月任北京大学校长。他提倡思想自由、兼容并包，对北大进行了卓有成效的改革，促进了北大思想的活跃、新思潮的传播和学术的繁荣。

▸ **胡适**：学者、教育家。历任北京大学教授、北大研究所哲学门主任、英文系主任、教务长、文学院院长等。1945年9月至1948年12月任北京大学校长。

名校风采

全国第一所拥有现代化博物馆的高校

北京大学赛克勒考古与艺术博物馆坐落于风景秀丽的北京大学西校区内，是一座三层仿古建筑，也是全国高校中第一座现代化博物馆。该博物馆由北京大学和美国友人阿瑟·姆·赛克勒博士、吉莉安·赛克勒女爵士合作建成，于1993年5月27日正式开馆。博物馆建筑面积4000平方米，展厅建筑面积2000平方米。博物馆现收藏有数万件藏品，其中多为中国考古学各时期的典型标本。

一级学科国家重点学科

哲学、理论经济学、法学、政治学、社会学、中国语言文学、历史学、数学、物理学、化学、地理学、大气科学、生物学、力学、电子科学与技术、计算机科学与技术、口腔医学、药学。

二级学科国家重点学科

国民经济学，基础心理学，英语语言文学，印度语言文学，天体物理，固体地球物理学，构造地质学，通信与信息系统，核技术及应用，环境科学，免疫学，病理学与病理生理学，内科学（肾病、心血管病、血液病），儿科学，精神病与精神卫生学，皮肤病与性病学，外科学（骨外、泌尿外），妇产科学，眼科学，肿瘤学，运动医学，流行病与卫生统计学，企业管理，教育经济与管理，图书馆学。

清华大学

Tsinghua University

校训：自强不息、厚德载物

学校信息

院校代码：10003

建校时间：1911 年

学校类别：综合类

办学层次：“双一流”“211 工程”“985 工程”

学校地址：北京市海淀区双清路 30 号

光辉岁月

1911 年：前身清华学堂创建

1912 年：更名为清华学校

1928 年：更名为国立清华大学

1937 年：南迁长沙，与北京大学、南开大学组建国立长沙临时大学

1938 年：迁至昆明，改名为国立西南联合大学

1946 年：迁回清华园

知名校友

- **闻一多**：本名闻家骅，字友三。中国近代诗人、学者，伟大的爱国主义者、民主革命战士。1932年8月，任清华大学国文系教授。
- **杨振宁**：物理学家，1942年毕业于国立西南联合大学，1944年获清华大学硕士学位。1957年获诺贝尔物理学奖。

清华精神，继往开来

在清华园大礼堂的草坪前，有一日晷，它是清华大学重要的纪念物之一。它原为圆明园遗物，1920届学生毕业时献给母校。在这座日晷的下部底座上，镌刻着1920届学生的名言："行胜于言"。故其别称为1920级日晷。"行胜于言"并不是不言，而是言必求实，以行证言。如今，"行胜于言"已是清华大学的校风。

清华大学的校园内，另矗立着一座庄严肃穆的纪念碑——海宁王静安先生纪念碑，它被清华校友称为"清华第一碑"。此碑是当年的国学研究院师生为了纪念清华国学研究院四大导师之一——王国维而立的。设计者为梁思成，他是中国的著名建筑学家。碑文撰写者为陈寅恪，同为清华国学研究院导师。碑文中的"独立之精神，自由之思想"正是一代代清华学子的精神写照。

躬行实践，仰取俯拾

社会实践是清华大学的优良传统和学生假期生活的重要组成部分。一直以来，学校秉承“行胜于言”的精神，组织数十万名学生实践学习，认识世情、国情、社情、民情。2020年，清华大学以“青春报家国，奋进正当时”为主题，共有近700个支队、近6000名师生开展社会实践，师生实践足迹遍布全国34个省级行政区。除此以外，清华大学还组织师生前往日本、新加坡、韩国等29个国家和地区开展社会实践，着力提升全球胜任力。在清华大学学习和生活的时间里，平均每名本科生至少参加2—3次社会实践。

专业聚焦

一级学科国家重点学科

数学、物理学、生物学、力学、机械工程、光学工程、材料科学与工程、动力工程及工程热物理、电气工程、电子科学与技术、信息与通信工程、控制科学与工程、计算机科学与技术、建筑学、土木工程、水利工程、化学工程与技术、核科学与技术、生物医学工程、管理科学与工程、工商管理、药学。

二级学科国家重点学科

数量经济学、设计艺术学、专门史、分析化学、精密仪器及机械、环境工程、免疫学、病理学与病理生理学、皮肤病与性病学、影像医学与核医学、妇产科学、肿瘤学、麻醉学、内科学、外科学。

中国人民大学

Renmin University of China

校训：实事求是

学校信息

院校代码： 10002

建校时间： 1937 年

学校类别： 综合类

办学层次： “双一流”“211 工程”“985 工程”

学校地址： 北京市海淀区中关村大街 59 号

光辉岁月

1937 年：
学校前身陕北公学诞生于抗日战争烽火中

1939 年：
陕北公学、鲁迅艺术学院、安吴堡战时青年训练班、延安工人学校合并为华北联合大学

1948 年：
华北联合大学、北方大学合并为华北大学

1949 年：
中国人民大学组建

文化长廊

从烽火狼烟中闯出来的大学

85岁的中国人民大学，是由中国共产党创办的第一所新型正规大学，前身是1937年诞生于抗日战争烽火中的陕北公学，以及后来的华北联合大学和华北大学。

自诞生之日起，中国人民大学始终与党和国家同呼吸、共命运。从陕北公学成立之初就鲜明提出要培养“革命的先锋队”，到新中国成立之初提出培养“万千建国干部”，到改革开放新时期提出培养“国民表率、社会栋梁”，再到新时代提出培养“复兴栋梁、强国先锋”，中国人民大学始终不变的是“为党育人、为国育才”，展现了“党办的大学让党放心、人民的大学不负人民”的精神品格。

王小波与中国人民大学

王小波，1952年出生于北京一个知识分子家庭。父亲王方名，逻辑学家，中国人民大学教授。1973年，王小波在北京牛街教学仪器厂做工人，后在北京西城区半导体厂做工人。1978年参加高考，考取中国人民大学，就读于贸易经济系商品学专业。

名校风采

立德楼与求是石

从东门进入人大校园，首先映入眼帘的便是“实事求是”石，而立德楼就在东门左侧。立德楼高18层，总占地面积65000余平方米，是中国人民大学东南区建设项目的重要组成部分，内部不仅有互动研讨型智慧教室，还有讲解报告型智慧教室，配备了现代化新式教学设备。站在立德楼下，抬头一看，天空晴朗，玻璃明亮，立面线条流畅，气场沉稳大方，立德楼果真和听说的一样——“满足了对教学楼的所有幻想”。

专业聚焦

第二轮“双一流”建设学科

哲学、理论经济学、应用经济学、法学、政治学、社会学、马克思主义理论、新闻传播学、中国史、统计学、工商管理、农林经济管理、公共管理学、信息资源管理。

一级学科国家重点学科

哲学、理论经济学、应用经济学、法学、社会学、马克思主义理论、新闻传播学、工商管理。

二级学科国家重点学科

中共党史、国际政治、文艺学、中国古代史、中国近现代史、农业经济管理、行政管理、档案学。

北京师范大学

Beijing Normal University

校训：学为人师，行为世范

学校信息

院校代码： 10027

建校时间： 1902 年

学校类别： 师范类

办学层次： "双一流" "211 工程" "985 工程"

学校地址： 北京市海淀区新街口外大街 19 号

光辉岁月

1902 年： 前身为京师大学堂师范馆

1908 年： 独立为京师优级师范学堂

1923 年： 更名为国立北京师范大学校

1937 年： 参与组建国立西北联合大学

1949 年： 复用北京师范大学原名

1952 年： 辅仁大学主体并入北京师范大学

2017 年： 进入国家世界一流大学建设 A 类名单

百余年来，北京师范大学始终同中华民族争取独立、自由、民主、富强的进步事业同呼吸、共命运，在“五四”“一二·九”等爱国运动中发挥了重要作用。以李大钊、鲁迅、梁启超、钱玄同、吴承仕、黎锦熙、陈垣、范文澜、侯外庐、白寿彝、钟敬文、启功、胡先骕、汪堃仁、周廷儒等为代表，一大批名师先贤在这里弘文励教。经过百余年的发展，学校秉承“爱国进步、诚信质朴、求真创新、为人师表”的优良传统和“学为人师，行为世范”的校训精神，形成了“治学修身，兼济天下”的育人理念。

名校风采

木铎

木铎金声，弦歌不辍。木铎自古便是教师的别名，因此木铎对于北师大有着特殊的意义。北师大广场上的木铎是北师大百年华诞时所修建，雕塑上部正面铸刻“师大”二字；下方“木铎金声一百年”一行字，则由启功先生所题写。北师大的校徽以及无数周边均以此为原型进行创作。

京师学堂

作为北京师范大学的前身，京师大学堂师范馆创立于1902年，李大钊、鲁迅、梁启超、钱玄同等名师先贤都曾在此弘文励教。因其古朴的外形与附近的鲜花绿树相映成趣，京师学堂成了许多北师大学子心中当之无愧的“门面”。

第二轮“双一流”建设学科

哲学、教育学、心理学、中国语言文学、外国语言文学、中国史、数学、地理学、系统科学、生态学、环境科学与工程、戏剧与影视学。

一级学科国家重点学科

教育学、心理学、中国语言文学、数学、地理学。

二级学科国家重点学科

马克思主义哲学、民俗学、史学理论与史学史、中国古代史、理论物理、物理化学、细胞生物学、生态学、系统理论、环境科学、教育经济与管理。

二级学科国家重点（培育）学科

世界经济、电影学。

北京航空航天大学

Beihang University

校训：德才兼备、知行合一

学校信息

院校代码：10006

建校时间：1952 年

学校类别：理工类

办学层次：“双一流”“211 工程”“985 工程”

学校地址：北京市海淀区学院路 37 号

光辉岁月

1951 年：
清华大学、北洋大学、厦门大学、四川大学等八所院校的航空院系调整、合并

1952 年：
北京工业学院航空系、清华大学航空工程学院、四川大学航空系合并成立北京航空学院

1988 年：
改名为北京航空航天大学

作为新中国第一所航空航天高等学府，北航萌发于民族觉醒之时，诞生于国家奋发之际，成长于民族复兴之中。从航空救国到航空报国、航天报国，再到服务航空强国、航天强国建设，学校始终传承红色基因，把服务国家作为最高追求，矢志不渝地培养一流人才，打造国之重器，始终奋进在中国高等教育第一方阵前列。98位两院院士和25万余名优秀建设者从这里走出，践行“德才兼备、知行合一”的校训，弘扬“艰苦朴素、勤奋好学、全面发展、勇于创新”的校风，研制发射（试飞）成功的多种型号飞行器填补了国内多项空白，谱写出了一篇篇培育栋梁、为国铸剑、追求卓越的绚丽华章。

晨兴音乐厅

晨兴音乐厅是北航高雅艺术的象征。由北航杰出校友王祖同、杨文瑛夫妇捐资2000万元及学校投资2000余万元建成。建筑面积5000余平方米，共设观众席878座，舞台宽30米、高8米、进深14米。在这里，英文话剧、音乐交流会、国际乐团演奏会等活动争相竞彩。

北京航空航天博物馆

北京航空航天博物馆的前身是北京航空馆，成立于1985年，是在北航飞机结构陈列室和飞机机库基础上扩建而成的，是我国首个航空航天科学技术的综合科技馆。博物馆展区面积8300平方米，分为长空逐梦、银鹰巡空、神舟问天、空天走廊4个展区，共有300多件国内外公认的航空航天文物精品，以及结构、发动机、机载设备等珍贵实物，承载着丰富的科学原理和厚重的历史积淀。

第二轮“双一流”建设学科

力学、仪器科学与技术、材料科学与工程、控制科学与工程、计算机科学与技术、交通运输工程、航空宇航科学与技术、软件工程。

一级学科国家重点学科

管理科学与工程、航空宇航科学与技术、计算机科学与技术、控制科学与工程、材料科学与工程、仪器科学与技术、机械工程、力学。

二级学科国家重点学科

人机与环境工程、系统工程、测试计量技术及仪器、航空宇航制造工程、车辆工程、航空宇航推进理论与工程、飞行器设计、计算机应用技术、计算机软件与理论、计算机系统结构、导航制导与控制、模式识别与智能系统、检测技术与自动化装置、控制理论与控制工程、通信与信息系统、电磁场与微波技术、材料加工工程、材料学、材料物理与化学、精密仪器及机械、机械设计及理论、机械电子工程、机械制造及其自动化、工程力学、流体力学、固体力学、一般力学与力学基础、管理科学与工程。

北京理工大学

Beijing Institute Of Technology

校训：德以明理、学以精工

学校信息

院校代码： 10007

建校时间： 1940 年

学校类别： 理工类

办学层次： “双一流”“211 工程”“985 工程”

学校地址： 北京市海淀区中关村南大街 5 号

光辉岁月

1940 年： 前身为成立于延安的自然科学院

1949 年： 学校迁入北京

1952 年： 定名为北京工业学院，成为新中国第一所国防工业院校

1988 年： 更名为北京理工大学

文化长廊

延安自然科学院的主要创建者——徐特立

徐特立是北京理工大学前身——延安自然科学院的主要创建者之一，也是北京理工大学特色文化形成的代表性人物。20世纪初，徐特立创办了3所小学、2所平民夜校、2所师范学校和1所孤儿院。徐特立曾制定了各种教育政策、条例、法规，开办了各类学校，编写、审定了各种教材，为革命培养、造就了大批出类拔萃的政治、经济、军事、文化等领域的人才，如毛泽东、蔡和森、向警予、蔡畅、田汉等一大批革命领袖人物和时代精英。

名校风采

国防科技力量无限

北京理工大学作为“国防七子”之一，长期以来为国防和兵器工业做出了突出的贡献。在2019年国庆70周年的阅兵式中，北京理工大学更是参与了32个方阵中的26个方阵的装备设计和研制，充分体现了它在国家国防建设中的重要地位和贡献。这些装备的设计和研制涉及多个领域，包括天象仪、电视发射接收装置、探空火箭和轻型坦克等。北京理工大学拥有9个国家级重点实验室及工程研究中心，以及6个国家级实验教学中心，以其深厚的国防背景，致力于国防工程研究与实践。这些实验室和中心专注于军事技术、武器装备、信息安全等领域的研究与创新，为国家国防系统提供了重要支持。

第二轮“双一流”建设学科

物理学、材料科学与工程、控制科学与工程、兵器科学与技术。

一级学科国家重点学科

机械工程、光学工程、信息与通信工程、兵器科学与技术。

二级学科国家重点学科

工程力学、动力机械及工程、物理电子学、控制理论与控制工程、应用化学。

国家重点（培育）学科

材料学，导航、制导与控制，飞行器设计。

国防特色学科

车辆工程，光学工程，通信与信息系统，火炮、自动武器与弹药工程，工程力学，控制理论与控制工程，武器系统与运用工程，飞行器设计，材料学等。

中国农业大学

China Agricultural University

校训：解民生之多艰，育天下之英才

院校代码：10019

建校时间：1905 年

学校类别：农林类

办学层次：“双一流”“211 工程”“985 工程”

学校地址：北京市海淀区圆明园西路 2 号

光辉岁月

1905 年：
前身为京师大学堂筹建的农科大学

1949 年：
北京大学农学院、清华大学农学院和华北大学农学院合并

1995 年：
北京农业大学和北京农业工程大学合并成立中国农业大学，并进入首批“211 工程”建设行列

2004 年：
被确定为“985 工程”重点建设的高水平研究型大学

2017 年：
入选“双一流”建设 A 类高校名单

李大钊与农业大学

20世纪初，农大共青团、共产党的组织是在李大钊关怀下，由邓中夏直接指导建立起来的。农大党团曾经成为北京地方很有影响、有战斗力的革命堡垒，是北方局十分信赖的党团组织。因在农民运动中工作出色，受到北方局党组织的表彰。以李大钊为首的北方局于1925—1927年，曾从农大调用一批党团员到全国各地——特别是南方——参加革命运动。农大为革命输出了一批优秀的革命干部，其中有不少人是李大钊选派并委以重任的。

林木环绕，花香扑鼻

中国农业大学的校园有着超过40%的绿化覆盖率，花坛、雕塑、池塘、观赏草坪、垂直绿化等小景观和休闲地处处可见。步入中国农业大学的校园，就仿佛来到了花的世界，竹园、樱花园、玉兰园、牡丹园、玉簪园、萱草园、石榴园、品种月季园、四季玫瑰园遍布校园的每一个角落。学校里有百余种乔木、灌木和花卉，使得这所有着悠久历史的校园充满了生气，引得无数学子、游人驻足观赏。

第二轮“双一流”建设学科

生物学、农业工程、食品科学与工程、作物学、农业资源与环境、植物保护、畜牧学、兽医学、草学。

一级学科国家重点学科

作物学、农业资源利用、植物保护、畜牧学、兽医学、农业工程。

二级学科国家重点学科

植物学、微生物学、生物化学与分子生物学、果树学、农产品加工与贮藏工程、农业经济管理。

北京科技大学

University of Science and Technology Beijing

校训：求实鼎新

院校代码： 10008

建校时间： 1952 年

学校类别： 理工类

办学层次： “双一流”“211 工程”

学校地址： 北京市海淀区学院路 30 号

- **1952 年：** 北京钢铁工业学院创建
- **1960 年：** 更名为北京钢铁学院
- **1988 年：** 更名为北京科技大学
- **1997 年：** 成为首批国家“211 工程”建设高校
- **2006 年：** 成为首批“985 工程优势学科创新平台建设”高校
- **2017 年：** 入选国家首批“双一流”建设高校
- **2022 年：** 入选第二轮“双一流”高校名单

文化长廊

钢铁摇篮

北京科技大学于1952年由天津大学（原北洋大学）、清华大学等6所国内著名大学的矿冶系科组建而成，现已发展成为以工为主，工、理、管、文、经、法等多学科协调发展的教育部直属全国重点大学。建校60多年来，学校逐步形成了“学风严谨，崇尚实践”的优良传统，为社会培养各类人才20余万人，被誉为“钢铁摇篮”。

名校风采

西校门——校徽池

西校门位于学院路中段的路东，是学校的正校门。建校初期的西校门只是普普通通的两扇铁拉门，旁边两方立柱，上悬一块白底黑字的牌匾：北京钢铁工业学院。如今的西校门修建于2012年——北京科技大学60周年校庆以后。北京科技大学到了1954年才开始修建主楼和简易的校门。1960年，学校改名为北京钢铁学院后，校门标题随之变化。1988年，学校再次更名为北京科技大学。2007年，北京科技大学的校友捐资重建了西大门，从此门进入，即可望到毛主席像和主楼。

一级学科国家重点学科

材料科学与工程、冶金工程、矿业工程、科学技术史。

二级学科国家重点学科

机械设计及理论、热能工程。

国家重点（培育）学科

控制理论与控制工程。

北京协和医学院

Peking Union Medical College

校训：尊科学济人道

学校信息

院校代码： 10023

建校时间： 1917 年

学校类别： 医药类

办学层次： “双一流”“211 工程”“985 工程”

学校地址： 北京市东城区东单三条 9 号

光辉岁月

1906 年： 前身是美英基督教教会共同创办的协和医学堂

1912 年： 改称协和医学校

1917 年： 成立北京协和医学院

1929 年： 改名为私立北平协和医学院

2006 年： 定名为北京协和医学院

2017 年： 入选国家“双一流”建设高校

如今的北京协和医学院已发展成为拥有19个研究所、6家附属医院、9个学院、106个院外研发机构，集医教研产为一体的国家级综合性医学科学研究机构。院校现有两院院士26人、国家杰青45人、“万人计划”领军人才27人，博士生导师1032名、硕士生导师1231名；拥有国家“双一流”建设学科5个，一级学科博士学位授权点9个，在教育部第四轮学科评估中有6个A类学科；有北京协和医院、阜外医院、肿瘤医院、整形外科医院、血液病医院和皮肤病医院等6所院校直属医院，集医院、研究所和教学机构于一体，形成了国内外闻名的医疗、教学和科研紧密结合的医疗服务体系。

“协和”贡献

建立之初，北京协和医学院开创了我国八年制医学教育、高等护理教育、住院医师培训制度和现代公共卫生教育的先河，取得了“北京猿人研究”“单体麻黄素提取”“黑热病研究”等一系列重要成果；中国医学科学院在脊髓灰质炎疫苗研发、全国控制和基本消灭麻风病、根治绒毛膜上皮癌化学疗法的创建与推广、抗生素自主研发和工业化生产等方面做出了创造性贡献。北京协和医学院培养了包括张孝骞、张锡钧、钟惠澜、林巧稚等在内的55位医药卫生领域的两院院士，为中国疾病预防控制中心、军事科学院军事医学研究院、首都医科大学、北京医院、北京安贞医院等国内众多重要医学和卫生机构的建立提供了人才与技术支持。

专业聚焦

第二轮“双一流”建设学科

生物学、生物医学工程、临床医学、药学、公共卫生与预防医学。

一级学科国家重点学科

生物学、药学。

二级学科国家重点学科

免疫学、病理学与病理生理学、皮肤病与性病学、影像医学与核医学、妇产科学、肿瘤学、麻醉学、内科学。

国家重点（培育）学科

外科学（普外）。

北京交通大学

Beijing Jiaotong University

校训：知行

学校信息

院校代码： 10004

建校时间： 1896 年

学校类别： 理工类

办学层次：“双一流”“211 工程”

学校地址： 北京市海淀区西直门外上园村 3 号

光辉岁月

1896 年：
前身为清政府创办的铁路管理传习所

1921 年：
与上海工业专门学校、唐山工业专门学校等合并，组建交通大学

1923 年：
交通大学改组后，更名为北京交通大学

1950 年：
定名为北方交通大学

2003 年：
复名为北京交通大学

文化长廊

知名校友

郑振铎：我国著名作家、文学家、藏书家和社会活动家。1917年入北京铁路管理学校（今北京交通大学）学习，并开始进行文学创作。1919年，作为学校学生代表和福建学生联合会领导人之一，参加了五四运动，是新文学运动的组织者和推动者。

名校风采

饮水思源，爱国荣校

在北京交通大学、上海交通大学、西南交通大学、西安交通大学的校园里，各有一座楼宇被命名为“思源楼”，这是为了纪念四所交通大学共同经历的风云路程。

专业聚焦

第二轮“双一流”建设学科

系统科学。

国家特色专业建设点

通信工程、自动化、计算机科学与技术、物流管理、经济学、交通运输、交通工程、土木工程、车辆工程、电气工程及其自动化、软件工程。

北京邮电大学

Beijing University of Posts and Telecommunications

校训：厚德 博学 敬业 乐群

学校信息

院校代码： 10013

建校时间： 1955 年

学校类别： 理工类

办学层次： “双一流”“211 工程”

学校地址： 北京市海淀区西土城路 10 号

光辉岁月

1955 年： 学校创办，初名为北京邮电学院

1960 年： 被国务院确定为全国重点高校之一

1993 年： 更名为北京邮电大学

1998 年： 进入国家“211 工程”重点建设高校行列

2011 年： 成为“985 工程优势学科创新平台”建设高校

2023 年： 成立卓越工程师学院

文化长廊

知名校友

叶培大：北京邮电学院（今北京邮电大学）第三任院长，中国通信科技界泰斗，著名微波通信与光纤通信专家。曾主持设计、安装和测试了我国第一部100千瓦大功率广播发射机、当时全国最大的菱形天线网及南京淮海路广播大厦，为恢复我国大型广播发射台、天安门广播系统等做出了贡献。

名校风采

信息科技人才的培养基地

北京邮电大学是中国第一所邮电高等学府，是教育部直属、工业和信息化部共建的全国重点大学，是一所以信息科技为特色、工学门类为主体、工管文理交叉融合的研究型大学，是我国信息科技人才的重要培养基地。学校大力加强“信息网络科学与技术”和“计算机科学与网络安全”两个学科群建设，持续推进数字化学科固本强基、学科数字化交叉赋能融合发展，不断厚积服务国家战略的能力与底气。

专业聚焦

第二轮“双一流”建设学科

信息与通信工程、计算机科学与技术。

一级学科国家重点学科

信息与通信工程、电子科学与技术。

一级学科北京市重点学科

光学工程、管理科学与工程。

二级学科北京市重点学科

计算机应用技术、计算机系统结构、机械电子工程。

北京化工大学

Beijing University of Chemical Technology

校训：宏德博学、化育天工

学校信息

院校代码：10010

建校时间：1958 年

学校类别：理工类

办学层次：“双一流”“211 工程”

学校地址：北京市朝阳区北三环东路 15 号

光辉岁月

1958 年：
北京化工学院成立

1969 年：
被列为全国 64 所重点大学之一

1988 年：
更名为北京化工大学

知名校友

段雪：应用化学家，中国科学院院士，北京化工大学应用化学系教授、博士生导师，化工资源有效利用国家重点实验室学术委员会常务副主任。段雪长期从事应用化学研究，在“以产品性能导向的插层结构设计”和“以产品生产导向的插层过程控制”方面开展应用基础和工程化研究。

北京化工大学创办于1958年，原名北京化工学院，是新中国为“培养尖端科学发展所需的高级化工技术人才”而创建的一所高水平大学。经过60多年建设发展，学校已发展成为一所理科基础坚实，工科实力雄厚，管理学、经济学、法学、文学、教育学、哲学、医学等学科富有特色的多科性重点大学，形成了本科教育、研究生教育、国际学生教育、继续教育等多层次人才培养格局。现有17个院（系），在校全日制本科生15600余人，研究生9200余人（其中博士1700余人），函授、夜大等继续教育学生2100余人，学历留学生370余人。

学校国际交流合作日益广泛，与美、英、法、俄、德、澳、韩、日、意等48个国家（地区）的163所大学和机构建立合作伙伴关系。建有1个北京市高精尖创新中心，3个北京市国际合作联合实验室（研究中心），3个北京市国际科技合作基地，5个高等学校学科创新引智基地（“111计划”）。首次获批科技部中国和欧洲国家联合实验室项目“中希生物能源联合实验室”，获批教育部“生物能源国际合作联合实验室”。积极推进学生国际交流，实施“北化-世界百强高校本硕博精英计划”，与19个国家（地区）的60余个机构开展80余项学生赴海外学习项目，资助学生赴境外攻读硕士、博士学位或进行博士联合培养。

专业聚焦

第二轮“双一流”建设学科

化学工程与技术。

一级学科国家重点学科

化学工程与技术。

二级学科国家重点学科

化学工程、化学工艺、生物工艺、应用化学、工业催化、材料学、化工过程机械。

国家重点（培育）学科

高分子化学与物理。

北京工业大学

Beijing University Of Technology

校训：不息为体、日新为道

学校信息

院校代码： 10005

建校时间： 1960 年

学校类别： 理工类

办学层次： “双一流”“211 工程”

学校地址： 北京市朝阳区平乐园 100 号

光辉岁月

1960 年：
北京工业大学创建

1961 年：
北京建筑工程学院、北京工业学院、北京师范大学部分学生转入北工大

1990 年：
学校正式进入一流学科建设高校行列

2005 年：
原北京艺术设计学院并入北工大

2017 年：
原北京联合大学经济管理学院并入北工大

文化长廊

名校风采

专业聚焦

知名校友

▸ **张胜林**：1988级交通工程专业校友。现任贵州省总工会副主席（兼职），贵州公路集团副总经理、总工程师，工程技术应用研究员。曾获“全国交通运输系统劳动模范”“全国劳动模范”“全国三八红旗手”“中国公路百名优秀工程师”“中国十大桥梁人物”“贵州省最美科技工作者”等称号。

学校占地面积约96万平方米，设置25个教学科研机构；开设本科专业70多个，研究生专业覆盖34个学科（含1个自设交叉学科），19个专业学位类别。

2022年顺利通过首轮建设评估并进入第二轮“双一流”建设高校及建设学科名单，10个学科跻身QS世界大学学科排名前500，工程学、材料科学、化学、环境科学与生态学、计算机科学、生物学与生物化学、社会科学总论、物理学、地球科学、临床医学10个学科进入ESI全球前1%，工程学进入ESI全球前1‰。

第二轮“双一流”建设学科

土木工程。

一级学科国家重点学科

光学工程。

二级学科国家重点学科

材料学、结构工程。

中国石油大学（北京）

China University of Petroleum, Beijing

校训：厚积薄发，开物成务

学校信息

院校代码： 11414

建校时间： 1953 年

学校类别： 理工类

办学层次： “双一流”“211 工程”

学校地址： 北京市昌平区府学路 18 号

光辉岁月

1953 年：
中国第一所石油高等院校创立，名为北京石油学院

1969 年：
迁至山东东营胜利油田，随之更名为华东石油学院

1988 年：
更名为石油大学，校本部设在北京，由石油大学（北京）和石油大学（华东）两部分组成

2005 年：
更名为中国石油大学

2023 年：
教育部与五大能源企业共建中国石油大学

成就与贡献

中国石油大学（北京）现有2个国家“双一流”学科、2个北京市高精尖学科。在油气科学与工程等学科领域形成明显优势，在碳中和工程与技术、油气人工智能等领域积极布局清洁低碳智能学科群。工程学、化学、地球科学、材料科学、计算机科学、环境与生态学、社会科学总论、数学8个学科领域ESI排名全球前1%，其中工程学、化学、地球科学进入1‰。

作为中国石油高等教育的领军高校，学校因油而生，因油而兴，因油而强，与油共进，与国家能源工业的发展相依同行，被誉为“石油人才的摇篮”。经过60多年的建设发展，学校形成了石油特色鲜明，以工为主、多学科协调发展的学科专业布局。石油石化等重点学科处于国内领先地位，并在国际上形成了一定影响。学校坚持“强优，拓新，创一流”的发展思路，围绕石油石化产业结构，构建起由石油石化主体学科、支撑学科、基础学科和新兴交叉学科组成的石油特色鲜明的学科专业布局，实施了“攀登计划”“提升计划”和“培育计划”，分别建设石油与天然气工程、地质资源与地质工程等石油石化优势学科，化学、材料科学与工程等基础支撑学科，非常规油气、新能源、海洋油气工程等新兴交叉学科。

第二轮“双一流”建设学科

地质资源与地质工程、石油与天然气工程。

一级学科国家重点学科

油气井工程、油气田开发工程、油气储运工程。

二级学科国家重点学科

矿产普查与勘探、化学工艺。

首都医科大学

Capital Medical University

校训：扶伤济世、敬德修业

学校信息

院校代码：10025

建校时间：1960 年

学校类别：医药类

学校地址：北京市丰台区右安门外西头条 10 号

光辉岁月

1960 年：
首都医科大学建立，原名北京第二医学院

1985 年：
更名为首都医学院

1994 年：
经教育部批准，更名为首都医科大学

2001 年：
北京联合大学中医药学院、北京医学高等专科学校和北京职工医学院并入首都医科大学

文化长廊

首都医科大学校本部设有11个学院、1个研究中心，包括基础医学院、药学院、公共卫生学院、护理学院、生物医学工程学院、中医药学院、医学人文学院、全科医学与继续教育学院、马克思主义学院、国际学院、燕京医学院，脑重大疾病研究中心。首都医科大学现有22所临床医学院，包括首都医科大学宣武医院、附属北京友谊医院、附属北京朝阳医院、附属北京同仁医院、附属北京天坛医院等。

名校风采

首都医科大学的临床医学、神经科学与行为学、药理学与毒理学、免疫学、生物学与生物化学、分子生物学与遗传学、社会科学总论、精神病学与心理学、微生物学、化学、材料科学、环境与生态学12个学科进入ESI学科全球前1%排名。其中，临床医学、神经科学与行为学、药理学与毒理学进入ESI学科前1‰；免疫学、生物学与生物化学、分子生物学与遗传学、社会科学、精神病学与心理学进入全球前5‰。

国家级一流本科专业建设点

临床医学、口腔医学、预防医学、临床药学、护理学、生物医学工程、药学、医学检验技术、公共事业管理、儿科学、中医学、中药学、康复治疗学。

北京市级一流本科专业建设点

基础医学、中医学、假肢矫形工程、儿科学、中药学、康复治疗学、法学、精神医学、医学影像技术、听力与言语康复学、信息管理与信息系统。

对外经济贸易大学

University of International Business and Economics

校训：博学、诚信、求索、笃行

UIBE 1951

学校信息

院校代码： 10036

建校时间： 1951 年

学校类别： 财经类

办学层次：“双一流”“211 工程”

学校地址： 北京市朝阳区惠新东街 10 号

光辉岁月

1951 年： 学校创建，其前身为高级商业干部学校

1953 年： 更名为北京对外贸易专科学校

1984 年： 更名为对外经济贸易大学

1997 年： 入选国家“211 工程”重点建设高校

2017 年： 学校入选国家首批“双一流”建设高校

大师云集，新秀辈出

对外经济贸易大学师资力量雄厚，廖馥君、武堉干、袁贤能、姚曾荫、沈达明、姚念庆、史道源、张雄武、冯大同等“中国外经贸的大先生们”享誉中外。学校内有55人次入选国家级重大人才项目，36人享受国务院政府特殊津贴。对外经济贸易大学拥有国家级教学团队5个，其中会计与财务管理、国际贸易教师团队入选“全国高校黄大年式教师团队”，省部级以上优秀教学团队共计21个。

虹远楼——亚洲最大的宿舍楼

对外经济贸易大学的女生宿舍楼有着一个大气磅礴的名字——“虹远楼”，它是亚洲最大的单体宿舍楼，获得了北京市建筑结构长城杯奖。虹远楼内有2000多间宿舍，可同时容纳将近10000名学生住宿。

第二轮“双一流”建设学科

应用经济学。

二级学科国家重点学科

国际经济与贸易、国际法。

北京市重点学科

应用经济学、法学、企业管理、会计学、世界经济、法与经济学、低碳经济学。

中国政法大学

China University of Political Science and Law

校训：厚德、明法、格物、致公

学校信息

院校代码：10053

建校时间：1952 年

学校类别：政法类

办学层次：“双一流”“211 工程”

学校地址：北京市昌平区府学路 27 号

光辉岁月

1952 年：北京大学、清华大学、燕京大学三校政治系、法律系和辅仁大学社会系合并成北京政法学院

1960 年：成为国家确定的全国重点高校

1983 年：与中央政法干部学校合并，组建成立中国政法大学

2000 年：中央政法管理干部学院并入中国政法大学

知名校友

王家福：法学家，曾任中国法学会副会长、中国社会科学院法学研究所所长等。1953年，王家福从北京政法学院（现为中国政法大学）法律系毕业；1959年6月任职于中国社会科学院法学研究所；2006年当选为中国社会科学院学部委员；2009年获得“2009年度十大法治人物”称号。

中国政法大学被誉为“中国法学教育的最高学府”，在70余年中，培养了各类优秀人才30多万人。学校是培养国家法学教育和法治人才的主力军，参与了自建校以来几乎所有的国家立法活动，引领国家法学教育的创新、法学理论的革新和法治思想的更新，代表国家对外进行法学学术和法治文化交流。同时，学校多学科和跨学科的人才培养模式也为社会输送了一大批人文社会科学高级专门人才，成为国家政治、经济、社会、文化等领域人才培养的生力军。

国家级特色专业

法学、政治学与行政学、社会学。

国家级一流本科专业

法学、政治学与行政学、社会学、思想政治教育、新闻学、行政管理、哲学、经济学、国际政治、英语、国际商务、公共事业管理、网络与新媒体、应用心理学、工商管理。

首都师范大学

Capital Normal University

校训：为学为师，求实求新

学校信息

院校代码： 10028

建校时间： 1954 年

学校类别： 师范类

办学层次： "双一流"

学校地址： 北京市海淀区西三环北路 105 号

光辉岁月

1954 年：
前身北京师范学院创建

1962 年：
北京工农师范学院、北京体育师范学院并入

1964 年：
北京艺术师范学院、北京师范专科学校部分并入

1985 年：
划入北京联合大学，定名为北京联合大学外国语师范学院

1992 年：
北京师范学院分院并入，学校正式更名为首都师范大学

文化长廊

知名校友

纪连海：中国民生研究院特约研究员。北京市骨干教师，西城区学科带头人，西城区兼职历史教研员。1986年7月毕业于北京师范学院（现为首都师范大学）历史系，长期从事历史教学工作，《百家讲坛》栏目主讲人之一。

教学种类丰富

首都师范大学设有文学院、历史学院、政法学院、教育学院、教师教育学院、首都基础教育发展研究院、心理学院、外国语学院、马克思主义学院、管理学院、音乐学院、美术学院、数学科学学院、物理系、化学系、生命科学学院、资源环境与旅游学院、信息工程学院、初等教育学院、学前教育学院、良乡校区基础学部、继续教育学院、京疆学院、国际文化学院、中国书法文化研究院、燕都学院、艺术与美育研究院、国别区域研究院、交叉科学研究院29个院系（中心）以及大学英语教研部、体育教研部。

名校风采

首都师范大学现有学科专业涵盖文、理、工、管、法、教育、外语、艺术等，60多年来已培养各类高级专门人才20余万名，是北京市人才培养的重要基地。共有专科专业1个，本科专业59个，各类学生总数27330人，教职工2419人。占地约98.06万平方米，校图书馆收藏各类图书文献1495余万册（件）。

学校积极开展国际文化交流活动。目前已同50个国家和港澳台地区的296所大学建立了校际交流合作关系，留学生培养本硕博全覆盖，来自95个国家和地区，并成立4所孔子学院、2所独立孔子课堂与1个孔子课堂协调办公室，即俄罗斯圣彼得堡国立大学孔子学院、意大利威尼斯大学孔子学院、秘鲁皮乌拉大学孔子学院、德国不来梅孔子学院、匈牙利匈中双语学校独立孔子课堂、埃及卢克索大学独立孔子课堂以及美国明尼苏达州孔子课堂协调办公室。同澳大利亚弗林德斯大学联合培养了844名教育硕士。

二级学科国家重点学科

基础数学、植物学、中国古代文学、世界史。

一级学科北京市重点学科

数学。

二级学科北京市重点学科

马克思主义哲学、文艺学、汉语言文学、俄语言文学、音乐学、中国古代史、中国近代史、地图学与地理信息系统、遗传学、发展与教育心理学、美术学。

北京林业大学

Beijing Forestry University

校训：知山知水，树木树人

学校信息

院校代码：10022

建校时间：1952 年

学校类别：林业类

办学层次："双一流""211 工程"

学校地址：北京市海淀区清华东路 35 号

光辉岁月

1902 年：京师大学堂设立农业科林学目

1952 年：北京林学院成立

1985 年：更名为北京林业大学

1996 年：被列为首批"211 工程"重点建设高校

2017 年：进入首批国家"双一流"建设高校行列

知名校友

徐冠华：1963年从北京林学院（现为北京林业大学）毕业后分配到中国林业科学研究院工作，先后担任研究实习员、教师、助理研究员、研究员、资源信息所所长等。徐冠华不仅是中国科学院学部委员、第三世界科学院院士、瑞典皇家工程科学院外籍院士、国际宇航科学院院士，还是中国科学院遥感与数字地球研究所研究员、原所长，科学技术部原部长。

不到园林，怎知春色如许

北京林业大学是林业类高校的代表。对林业类专业而言，“林”的本质是“树”，“树”的本质是“木”。从一草一木如何生长、培育、加工、使用，到一片园林如何规划，一座城市如何绿化，一个国家如何保护环境，都是林业类专业的研究方向。

北京林业大学的风景园林、林学、水土保持等专业常年排名全国第一，与之相关的城市规划与设计、木材科学与技术、林产化工、土壤学、森林保护学、森林经理学、野生动植物保护与利用、林业经济管理等也都是优势专业。

学校以生物学、生态学为基础，以林学、风景园林学、林业工程、水土保持与荒漠化防治学、草学和农林经济管理为特色，是农、理、工、管、经、文、法、哲、教、艺等多学科门类协调发展的全国重点大学。学校有65个本科专业（含方向），69个硕士生招生学科专业、32个博士生招生学科专业，7个一级学科博士学位授权点，1个博士专业学位授权点，24个一级学科硕士学位授权点。其中林学和风景园林学2个学科连续两轮入选“双一流”建设学科名单。

专业聚焦

第二轮“双一流”建设学科

林学、风景园林学。

一级学科国家重点学科

林学。

二级学科国家重点学科

植物学、木材科学与技术。

国家重点（培育）学科

林业经济管理。

北京外国语大学

Beijing Foreign Studies University

校训：兼容并蓄、博学笃行

学校信息

院校代码： 10030

建校时间： 1941 年

学校类别： 语言类

办学层次： “双一流”“211 工程”

学校地址： 北京市海淀区西三环北路 2 号

光辉岁月

1941 年：
在延安的中国人民抗日军政大学第三分校成立俄文队，之后发展为北京外国语学校

1959 年：
与北京俄语学院合并，组建成新的北京外国语学院

1994 年：
更名为北京外国语大学

文化长廊

北京外国语大学与世界上84个国家和地区的299所高校和学术机构签署交流合作协议，与美国布朗大学、英国爱丁堡大学、德国海德堡大学、俄罗斯莫斯科国立大学、加拿大多伦多大学、法国巴黎东方语言文化学院、日本东京大学、新加坡南洋理工大学等境外著名高校建立了实质性的合作关系。北京外国语大学在亚洲、欧洲、美洲等18个国家建设有23所孔子学院及独立孔子课堂，数量居国内高校之首，其中7所为全球示范孔子学院。

名校风采

北京外国语大学坐落在北京市海淀区西三环北路，分设东、西2个校区。学校本科在校生5700余人，研究生（硕士、博士）3900余人，国际学生1300余人。本科专业121个，其中47个专业是全国唯一专业点，54个专业是国家级一流本科专业建设点，18个专业是省级一流本科专业建设点。学校开设101种外国语言，如俄语、英语、法语、德语等，是教育部第一批特色专业建设点。

学校还主办《外语教学与研究》《外国文学》《国际论坛》《外语教育研究前沿》4种CSSCI（中文社会科学引文索引）来源期刊，《国际汉学》《中国俄语教学》2种CSSCI扩展版来源期刊，出版其他中文学术期刊7种；主办ESCI英语期刊*Chinese Journal of Applied Linguistics*（中国应用语言学）及其他多语种期刊共12种，覆盖英、法、西、阿、俄、德、葡7个语种。学校有全国最大的外语类书籍、音像和电子产品出版基地：外语教学与研究出版社。

专业聚焦

国家级重点学科

英语语言文学、德语语言文学、外国语言学及应用语言学。

北京市重点学科

俄语语言文学、阿拉伯语语言文学、日语语言文学、比较文学与跨文化研究、西班牙语语言文学、欧洲语言文学、法语语言文学。

中国传媒大学

Communication University of China

校训：立德、敬业、博学、竞先

学校信息

院校代码： 10033

建校时间： 1954 年

学校类别： 语言类

办学层次： “双一流”“211 工程”

学校地址： 北京市朝阳区定福庄东街 1 号

光辉岁月

1954 年：
前身为中央广播事业局技术人员训练班

1959 年：
成立北京广播学院

1964 年：
郭沫若为北京广播学院题名

2004 年：
北京广播学院更名为中国传媒大学

文化长廊

知名校友

康辉：本科毕业于中国传媒大学播音系，硕士毕业于北京大学新闻与传播专业，博士毕业于中国传媒大学广播电视学专业。我国节目主持人、新闻播音员、央视新闻中心新闻播音部主任。

名校风采

跨越山海，待你而来

中国传媒大学坐落于北京古运河畔，地处首都功能核心区和北京城市副中心之间，交通便利。校园环境优美，占地面积46.37万平方米，总建筑面积63.88万平方米。学校设有21个教学科研单位，全日制在校生18000余人。

学校拥有《现代传播》《现代出版》《艺术传播研究》三本CSSCI来源刊物、ESCI英文学术期刊*Global Media and China*以及《中国传媒大学学报（自然科学版）》等学术刊物。

中国传媒大学与200多所国外知名大学、科研与传媒机构建立了交流合作关系。学校发起成立了具有国际影响力的“传媒高等教育国际联盟”，建有人类命运共同体研究院、亚洲传媒研究中心、欧洲传媒研究中心等国际学术研究机构，是联合国教科文组织“媒介与女性”教席单位。

第二轮“双一流”建设学科

新闻传播学、戏剧与影视学。

国家重点学科

新闻学、广播电视艺术学。

国家重点（培育）学科

传播学。

中央民族大学

Minzu University of China

校训：美美与共，知行合一

学校信息

院校代码： 10052

建校时间： 1951 年

学校类别： 民族类

办学层次： “双一流”“211 工程”“985 工程”

学校地址： 北京市海淀区中关村南大街 27 号

光辉岁月

1941 年：
学校前身延安民族学院成立

1951 年：
在北京成立中央民族学院

1993 年：
更名为中央民族大学

1999 年：
进入国家“211 工程”

2004 年：
学校进入“985 工程”

2017 年：
进入“双一流”建设 A 类高校行列

知名校友

吴文藻：出生于江苏省江阴市，社会学家、人类学家、民族学家、教育家。1953年，吴文藻任中央民族学院教授、中央民族学院研究部国内少数民族情况教研室主任、历史系民族志教研室主任。吴文藻于20世纪早期提出了“社会学中国化”的学术思想，主张从社区着眼来观察和了解社会以及开展国情研究。

学校成就

学术研究成就：在民族学、文化学、语言学等领域，中央民族大学在国内外享有很高的声誉，其教师和学生在相关学科领域的研究成果备受认可。

教育质量：中央民族大学培养了大批优秀的人才，他们在各行各业都展现了出色的表现，为国家和民族的发展做出了积极的贡献。

学校声誉：中央民族大学在民族文化、民族教育、少数民族研究等领域拥有较高的学术声誉和社会影响力，为中华民族的多元发展做出了重要贡献。

社会服务：学校积极参与民族地区的发展建设和民族文化保护工作，为国家民族团结和社会稳定做出了积极的贡献。

名校风采

中央民族大学民族博物馆

中央民族大学民族博物馆成立于1951年，是全国历史较长、规模较大、藏品较多的民族学专业博物馆之一，是全国高校百余家博物馆中唯一收藏、展览56个民族文物的博物馆。常设有中华民族传统文化展等展览；专题展览有中央民族大学校史展、中国少数民族头饰文化展等。

专业聚焦

第二轮“双一流”建设学科

民族学。

二级学科国家重点学科

民族学、中国少数民族语言文学。

国家级重点（培育）学科

中国少数民族经济。

中央财经大学

Central University of Finance and Economics

校训：忠诚、团结、求实、创新

学校信息

院校代码：10034

建校时间：1949 年

学校类别：财经类

办学层次：“双一流”“211 工程”

学校地址：北京市海淀区学院南路 39 号

光辉岁月

1949 年：
华北税务学校创办

1950 年：
改名为中央税务学校

1952 年：
中央税务学校并入中央财政学院；中央财政学院与北京大学、清华大学、辅仁大学、燕京大学的经济系科合并成立中央财经学院

1953 年：
中央财政干部学校成立

1954 年：
中国人民银行总行干部学校成立

1958 年：
中央财政干部学校和中国人民银行总行干部学校合并成立中央财政金融干部学校

1960 年：
中央财政金融学院在中央财政金融干部学校基础上成立

1996 年：
中央财政金融学院更名为中央财经大学

文化长廊

知名校友

蔡磊：中央财经大学1995级优秀校友、京东集团原副总裁。2018年罹患渐冻症，自学医学知识，通过查阅上千篇与渐冻症相关的文献与病魔抗争。他又成立“渐愈互助之家”信息聚合平台，所有患者可通过这个平台上传完整的病情信息。2020年底发起“冰桶挑战”。

学校成就

学校荣获首届全国教材建设奖5本。入选国家首批基础学科拔尖学生培养计划2.0基地；入选国家卓越法治人才教育培养计划，获批应用型、复合型法律职业人才教育培养基地和涉外法律人才教育培养基地。获批“高层次国际化人才培养创新实践项目”，成为教育部首批高层次国际化人才创新培养基地单位；与中国科学院系统科学研究所共建“许国志大数据英才班”；与北京外国语大学开展“金融学+英语”联合学士学位培养，实施“统计学−金融学双学士学位复合型人才培养项目”，高起点培养学科交叉复合型人才。

名校风采

学校有学院南路校区和沙河校区2个校区，截至2023年12月，学校拥有普通本科生10168人，全校教职工1768人，53个本科专业，入选国家级和北京市一流本科专业建设点48个，北京市重点建设一流专业3个；33门课程入选首批国家级一流本科课程，22门课程入选北京高校优质本科课程，6门课程入选国家级精品在线开放课程。

学校还不断提升国际化办学水平，与世界知名高校、国际组织及跨国企业等200余家单位建立了合作关系。积极推进人才培

养国际化，10个学位项目获得AACSB（国际商学院协会）、AMBA（工商管理硕士协会）、英国精算师协会等知名国际组织的认证。中外合作办学项目实现了本硕博层次的全覆盖。学校获批教育部中外人文交流中心“高层次国际化人才培养创新实践项目”。承担国家援外项目以来，先后对来自110余个发展中国家2000余名政府高级官员进行培训。

第二轮“双一流”建设学科

应用经济学。

一级学科国家重点学科

应用经济学。

二级学科国家重点学科

会计学。

浙江

浙江大学

宁波大学

浙江工业大学

浙江师范大学

浙江大学

Zhejiang University

校训：求是创新

学校信息

院校代码： 10335

建校时间： 1897 年

学校类别： 综合类

办学层次： “双一流”“211 工程”“985 工程”

学校地址： 浙江省杭州市西湖区余杭塘路 866 号

光辉岁月

1897 年：
前身为求是书院，是中国人自己最早创办的新式高等学校之一

1928 年：
定名为国立浙江大学

1952 年：
部分系科调整到中国科学院和其他院校中，留在杭州的主体部分被分为多所单科性院校，后分别发展为原浙江大学、杭州大学、浙江农业大学和浙江医科大学

1995 年：
成为首批列入国家“211 工程”建设计划的重点大学之一

1998 年：
原浙江大学、杭州大学、浙江农业大学和浙江医科大学合并组建为新的浙江大学

2022 年：
入选第二轮“双一流”建设高校及建设学科名单

文化长廊

不畏浮云遮望眼——丰子恺的“浙大”缘

丰子恺先生是民国时期美育的代表人物，也是浙大西迁教师群体的一个代表，与浙江大学共同谱写了抗战时期弦歌不辍的大学传奇。

1938年，丰子恺收到马一浮的来信。信中，浙大校长竺可桢诚意相邀，聘请丰子恺担任浙大艺术指导。1939年，丰子恺决定前往。此后3年，丰子恺追随浙大西迁，先后执教于广西宜山和贵州遵义。在这段艰难岁月中，丰子恺努力创新艺术教育，深入浅出地为学生讲透视法、漫画等艺术技法，课堂时常爆满。一边迁徙一边上课，丰子恺不忘为学生们加油鼓劲。他创作了《生机》，鼓励学生们眺望光明，等待抗战胜利。1940年春天，丰子恺携家迁到遵义。在遵义浙大宿舍里，他重绘《护生画集》，与喜爱书诗画的浙大教师建立了深厚友谊。

名校风采

海纳百川，有容乃大

大不自多，海纳江河。浙江大学依江纳湖，水韵天成，浩荡学风中带着江南灵秀之气。求是精神之河源远流长，浙大学子亦深受濡染，勤学不辍。值得一提的是，浙大各校区的名字——紫金港、玉泉、西溪、华家池、之江、舟山、海宁，均与水有关。校本部位于紫金港校区，校区内保留了一块比较完整的湿地，特有的水域景观、地貌景观、植物景观构成了一个自然、充满野趣的原生态系统。整个湿地面积达到100多亩，其中水域面积占到70%。保留的植物除了典型的湿地植物芦苇之外，还有柳树、樟树、柿子树，并有白鹭、野鸭和鱼虾等大量水生动物，可谓人杰地灵。

第二轮“双一流”建设学科

化学、生物学、生态学、机械工程、光学工程、材料科学与工程、动力工程及工程热物理、电气工程、控制科学与工程、计算机科学与技术、土木工程、农业工程、环境科学与工程、软件工程、园艺学、植物保护、基础医学、临床医学、药学、管理科学与工程、农林经济管理。

一级学科国家重点学科

数学、动力工程及工程热物理、园艺学、化学、电气工程、农业资源利用、机械工程、控制科学与工程、植物保护、光学工程、土木工程、管理科学与工程、材料科学与工程、生物医学工程。

二级学科国家重点学科

宪法学与行政法学、凝聚态物理、通信与信息系统、作物遗传育种、肿瘤学、教育史、植物学、计算机应用技术、特种经济动物饲养、应用心理学、生物物理学、化学工程、内科学（传染病）、中国古典文献学、生态学、农业机械化工程、儿科学、理论物理、固体力学、环境工程、外科学。

宁波大学

Ningbo University

校训：实事求是、经世致用

学校信息

院校代码： 11646

建校时间： 1986 年

学校类别： 综合类

办学层次： “双一流”

学校地址： 浙江省宁波市江北区风华路 818 号

光辉岁月

1984 年：
包玉刚决定捐资相当于5000 万元人民币的外汇创办宁波大学

1986 年：
首届新生报到注册

1992 年：
大学被列入全国高校招生第一批录取院校

1996 年：
原宁波大学、宁波师范学院、浙江水产学院宁波分院合并组建新的宁波大学

2000 年：
被浙江省政府列为省重点建设大学

2015 年：
入选第一批省重点建设高校

2017 年：
入选国家“双一流”建设高校

文化长廊

宁波大学连续7年在中国“互联网+”大学生创新创业大赛中获得“高校先进集体奖”，在第六届、第七届中国国际“互联网+”大学生创新创业大赛中金奖总数均位列全国第二，在第八届中国国际“互联网+”大学生创新创业大赛中荣获“最佳带动就业奖”1项，实现产业赛道金奖零的突破。宁波大学连续11年在全国“挑战杯”系列竞赛中蝉联赛事“优胜杯”。学校被列为国家大学生自主创业教导模式创新实验区、国家大学生创新创业训练计划项目单位、全国首批深化创新创业教育改革示范高校、全国高校实践育人创新创业基地、全国创新创业典型经验高校、全国就业工作典型50强高校、浙江省普通高校示范性创业学院、浙江省大众创业万众创新示范基地、首批国家级创新创业教育实践基地，获批浙江省人社厅的省级创业孵化示范基地。

名校风采

宁波大学于1986年由世界船王包玉刚先生捐资创立，经过几代宁大人的艰苦创业，学校已成为一所综合性教学研究型大学，综合实力稳居全国高校百强行列。拥有经济学、法学、教育学、文学、历史学、理学、工学、农学、医学、管理学、艺术学、交叉学科12个学科门类，设有23个学院、10个校级直属研究机构、5家直属附属医院。

截至2024年3月，学校现有全日制本科生20152名、硕士研究生11805名、博士研究生594名，在校学生中国际学生975名，教职工3163名。

学校大力推进国际化办学，与国外100余所高校和研究机构建立了合作交流关系。大力推进同港澳台地区交流合作，与香港中文大学、香港浸会大学、香港科技大学、澳门大学、澳门科技大学开展了校际学术及教育交流与合作；与台湾海洋大学、台湾淡江大学、台湾东吴大学等34所台湾高校签订了校际学术交流与合作协议。

国家级一流本科专业建设点

会计学、经济学、行政管理、思想政治教育、学前教育、应用心理学、运动训练、历史学、地理科学、日语、材料科学与工程、工业工程、航海技术、船舶与海洋工程、金融学、国际经济与贸易、工商管理、汉语言文学、音乐学、物理学、化学、工程力学、电子信息科学与技术、土木工程、物流管理、生物技术、食品科学与工程、临床医学、法学、小学教育、体育教育、旅游管理、英语、数学与应用数学、机械设计制造及其自动化、通信工程、计算机科学与技术、水产养殖学。

国家特色专业建设点

体育教育、法学、计算机科学与技术、英语、机械设计制造及其自动化、水产养殖学。

浙江工业大学

Zhejiang University of Technology

校训：厚德健行

浙江工業大學 ZHEJIANG UNIVERSITY OF TECHNOLOGY 1953

学校信息

院校代码： 10337

建校时间： 1953 年

学校类别： 理工类

学校地址： 浙江省杭州市潮王路 18 号

光辉岁月

1953 年： 中央人民政府重工业部杭州化学工业学校创建

1958 年： 校名改为浙江化工专科学校

1978 年： 浙江工学院筹建

1991 年： 浙江工业大学筹建，浙江工学院更名为浙江工业大学

知名校友

▸ **周光耀：**浙江鄞县人，无机化工专家，中国工程院院士，中国成达工程公司高级工程师。周光耀于1954年从浙江工业大学毕业，后被分配到大连碱厂设计科工作；1961年从大连工学院毕业；1962年加入中国共产党；1965年担任化工部第八设计院室主任、高级工程师；1995年当选为中国工程院院士。

名校风采

浙江工业大学拥有朝晖、屏峰、莫干山3个校区，占地面积3334亩，设有26个二级学院和1个部，另有独立学院——之江学院。现有在校普通全日制本科学生21053人，在校教职工3378人。

建校以来，学校为国家培养和输送了各类优秀人才30余万人。现有本科招生专业65个，学科涵盖哲学、经济学、法学、教育学、文学、理学、工学、农学、医学、管理学、艺术学、交叉学科12个门类。

浙江工业大学是一所具有较高学术水平和研究实力的综合性大学，尤其在化学工程与技术、药学等领域处于国内领先地位。

国家重点（培育）学科

工业催化。

省一流学科 A 类

化学工程与技术、生物工程、环境科学与工程、药学、机械工程、控制科学与工程、工商管理、材料科学与工程、计算机科学与技术、应用经济学、动力工程及工程热物理。

省一流学科 B 类

设计学、土木工程、教育学、中国语言文学、软件工程、物理学、管理科学与工程。

浙江师范大学

Zhejiang Normal University

校训：砺学砺行，维实维新

学校信息

院校代码：10345

建校时间：1956 年

学校类别：师范类

学校地址：浙江省金华市迎宾大道 688 号

光辉岁月

1956 年：
杭州师范专科学校建立

1958 年：
升格为杭州师范学院

1962 年：
与浙江教育学院、浙江体育学院合并，更名为浙江师范学院

1965 年：
学院从杭州搬迁至金华

1985 年：
更名为浙江师范大学

文化长廊

浙江师范大学有中国科学院院士1人，共享中国科学院院士、中国工程院院士6人，国家级特优人才26人。

学校与五大洲60余个国家和地区的280余所高等院校或教育机构建立了合作和交流关系，成立了全国首个聚焦教育的中外合作办学机构。

名校风采

北山巍巍，婺水泱泱；文脉赓续，生机勃发。

浙江师范大学拥有金华校区（校本部）、杭州萧山校区、杭州西湖校区、兰溪校区4个校区，25个学院（含独立学院），拥有金华市中医医院等附属医院。自建校以来向社会输送了大量各级各类优秀人才。

学校学科门类齐全，有69个本科专业，其中国家级一流专业建设点34个、省级一流专业建设点13个，数学、化学、工程学、材料学、环境/生态学、计算机科学、动植物学、一般社会科学8个学科进入ESI全球前1%。

专业聚焦

国家级特色专业

思想政治教育、教育技术学、学前教育、物理学、汉语言文学。

省级重点专业

思想政治教育、教育技术学、体育教育、汉语言文学、英语、数学与应用数学、物理学、生物科学。

省级重点建设专业

财务管理、工商管理、法学、社会工作、应用心理学、翻译、音乐学、计算机技术与科学、生物技术、化学、应用化学、对外汉语。

上海

上海交通大学
复旦大学
同济大学
华东师范大学
华东理工大学
上海财经大学
东华大学
上海大学
上海理工大学

上海交通大学

Shanghai Jiao Tong University

校训：饮水思源，爱国荣校

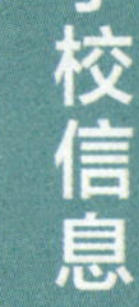

学校信息

院校代码： 10248

建校时间： 1896 年

学校类别： 综合类

办学层次： “双一流”“211 工程”“985 工程”

学校地址： 上海市华山路 1954 号

光辉岁月

1896 年：
前身南洋公学创建

1921 年：
更名为交通大学上海学校

1957 年：
分设交通大学上海部分和西安部分

1959 年：
上海部分定名为上海交通大学

2005 年：
与上海第二医科大学合并，组建新的上海交通大学

上海交通大学始终把人才培养作为办学的根本任务。100多年来，学校为国家和社会培养了逾40万各类优秀人才，包括一批杰出的政治家、科学家、社会活动家、实业家、工程技术专家和医学专家，如江泽民、陆定一、丁关根、汪道涵、钱学森、吴文俊、徐光宪、黄旭华、顾诵芬、张光斗、黄炎培、邵力子、李叔同、蔡锷、邹韬奋、严隽琪、陈敏章、王振义、陈竺等。在中国科学院、中国工程院院士中，有200余位交大校友；在国家23位“两弹一星”功臣中，有6位交大校友；在国家最高科学技术奖获得者中，有5位来自交大。

上海交通大学创造了中国近现代发展史上的诸多“第一”：中国最早的内燃机、最早的电机、最早的中文打字机等；中国第一艘万吨轮、第一艘核潜艇、第一艘气垫船、第一艘水翼艇、自主设计的第一代战斗机、第一枚运载火箭、第一颗人造卫星、第一例心脏二尖瓣分离术、第一例成功移植同种原位肝手术、第一例成功抢救大面积烧伤病人手术、第一个大学翻译出版机构、数量第一的地方文献等，这些都凝聚着交大师生和校友的心血智慧。

钱学森图书馆

钱学森是享誉海内外的杰出科学家和我国航天事业的奠基人，他的杰出贡献、感人事迹和崇高品格是我们国家和民族宝贵的精神财富。钱学森图书馆由国家投资兴建，于2011年12月11日钱学森诞辰百年之际在上海交通大学徐汇校区建成开馆。钱学森图书馆内收藏保存着超过6万件钱学森珍贵的文献、手稿、照片和实物，布置陈列着3000余平方米的“人民科学家钱学森”主题展览。

芳草萋萋，落英缤纷

学校的植物标本园坐落于图信大楼北侧，毗临学森路，是一座融科研、教学、科普、景观、休憩为一体的综合性植物园。园中秋千院落、小桥流水，错落有致，不仅有机会观赏近500余种植物，而且还有机会邂逅可爱的小鸭和黑天鹅。

蔷薇园坐落于东区思源北路尽头，转化医学大楼南侧。西洋式修缮风格，与西侧的新行政楼的钟楼相得益彰。园中种有蔷薇、月季、玫瑰等花种，三四月份鲜花盛开时也是打卡的最佳时间。

第二轮“双一流”建设学科

数学、物理学、化学、生物学、机械工程、材料科学与工程、电子科学与技术、信息与通信工程、控制科学与工程、计算机科学与技术、土木工程、化学工程与技术、船舶与海洋工程、基础医学、临床医学、口腔医学、药学、工商管理。

一级学科国家重点学科

船舶与海洋工程、机械工程、生物医学工程、力学、材料科学与工程、动力工程及工程热物理、控制科学与工程、计算机科学与技术、管理科学与工程。

二级学科国家重点学科

生物化学与分子生物学、凝聚态物理、光学、遗传学、电磁场与微波技术、通信与信息系统、儿科学、内科学、外科学、口腔临床医学、病理学与病理生理学。

复旦大学

Fudan University

校训：博学而笃志，切问而近思

学校信息

院校代码： 10246

建校时间： 1905 年

学校类别： 综合类

办学层次： “双一流”“211 工程”“985 工程”

学校地址： 上海市杨浦区邯郸路 220 号

光辉岁月

1905 年： 学校前身复旦公学创立

1917 年： 定名为复旦大学

1978 年： 再次被确定为全国重点高校

1994 年： 入选国家“211 工程”建设高校

1999 年： 成为“985 工程”的首批建设高校之一

2000 年： 与上海医科大学强强联合，组建新的复旦大学

2017 年： 入选国家“双一流”建设高校

2022 年： 入选第二轮“双一流”建设高校

文化长廊

“日月光华，旦复旦兮”

复旦大学拥有世界一流的办学声誉，全球声誉位居世界前50；在全国第五轮一级学科评估中建设成效显著提升。文、社、理、工、医五大学科门类均有较高国际声誉，位居世界前100。学校共有20个学科入选第二轮“双一流”建设学科，率先启动建设全国首个“交叉学科”门类一级学科集成电路科学与工程。13个学科入选上海市高峰学科建设计划。学校致力于以最佳状态持续稳定奉献文明进步，积极落实17项联合国可持续发展目标，可持续发展综合影响力位居世界高校前列，并在SDG7（经济适用的清洁能源）和SDG8（体面工作和经济增长）等领域中获得全球公认的突出性成就。在教育部一流本科专业建设“双万计划”中，61个专业获批国家级一流本科专业建设点。

名校风采

校园活动

复旦大学现有文科馆等图书馆5座，校史馆、相辉堂等各类场地展馆6座，正大体育馆等各种体育场馆10余座，室外运动场面积共计160221平方米，拥有室内外篮球、排球、网球、羽毛球等项目场馆，配套设施齐全，能够为师生提供各种文体服务项目，为各类校园文体活动提供了硬件支持，能够满足师生多样化的校园文体生活和活动需要。

书院生活

复旦大学目前有5个四年制住宿书院，以老校长的名或字命名，分别是志德书院、腾飞书院、克卿书院、任重书院和希德书院。

书院按学校的住宿区域划分，物理空间相对独立，包括一个区域内的公寓和公共空间。书院内的住宿安排，基本按学科交叉和大类融合的原则。书院的功能，是全面发展的第二课堂，是实现文化育人的住宿园区，是师生共享的公共空间，是学生自我管理的教育平台。各书院院长由学校聘请资深教授担任。书院设有院务委员会，协助院长工作，书院内学生组建自我管理委员会，自主设立各职能委员会，履行自我管理、自我服务、自我教育的各项职能。学校充分尊重院长对书院的领导，尊重学生在书院管理和生活中的自主权，培养学生的自我管理能力。

第二轮“双一流”建设学科

哲学、应用经济学、政治学、马克思主义理论、中国语言文学、外国语言文学、中国史、数学、物理学、化学、生物学、生态学、材料科学与工程、环境科学与工程、基础医学、临床医学、公共卫生与预防医学、中西医结合、药学、集成电路科学与工程。

一级学科国家重点学科

哲学、理论经济学、中国语言文学、新闻传播学、数学、物理学、化学、生物学、电子科学与技术、基础医学、中西医结合。

二级学科国家重点学科

产业经济学，金融学，政治学理论，国际关系，历史地理学，中国近现代史，计算机软件与理论，内科学（心血管病、肾病、传染病），儿科学，神经病学，影像医学与核医学，外科学，眼科学，耳鼻咽喉科学，肿瘤学，妇产科学，流行病学与卫生统计学，药剂学，社会医学与卫生事业管理。

国家重点（培育）学科

马克思主义基本原理、材料物理与化学、管理科学与工程。

同济大学

TongJi University

校训：同舟共济

学校信息

院校代码： 10247

建校时间： 1907 年

学校类别： 综合类

办学层次： “双一流”“211 工程”“985 工程”

学校地址： 上海市杨浦区四平路 1239 号

光辉岁月

1907 年：
学校前身同济德文医学堂创立

1923 年：
定名为同济大学

1960 年：
被列为建工部重点高校、高教部重点工科院校

2002 年：
列入国家“985工程”重点建设高校

2017 年：
入选“双一流”建设 A 类高校

2022 年：
入选第二轮“双一流”建设高校

同济大学已建成世界规模最大的“多功能振动实验中心”、国内第一个“地面交通工具风洞中心”、国内第一个“城市轨道交通综合试验平台”、国内第一个“海底长期科学观测系统”、国内首批标杆“自主智能无人系统全国重点实验室”以及教育部“细胞干性与命运编辑前沿科学中心”等一批重大科研平台。学校长期注重发挥优势学科和基础研究的溢出效应，不断拓展社会服务的形式和领域，积极为国家和地方社会建设发展做出贡献，为“一带一路”建设、国内桥梁与隧道、铁路与城市轨道交通、水环境治理、抗震救灾、洋山深水港、上海世博会、崇明生态岛、雄安新区、北京城市副中心等提供了强有力的科技支撑。

特色课程——中国玉石及玉文化鉴赏

在同济大学海洋与地球科学学院周征宇老师开设的“中国玉石及玉文化鉴赏”这门宝藏课程上，同学们不断解锁打开玉石及玉文化的方式。玉石的诞生和雕琢涉及各学科的方方面面，周征宇老师带领同学们一探玉石背后的奥秘。玉石的形成和开采涉及地质学、物理和化学相关原理，而在雕刻设计时包含艺术与人文学科研究，当它作为工艺品开始流通时，又关乎文化产业管理，无所不及。同学们不仅能在课程中掌握关于玉石的专业知识，还要进行头脑风暴，开展小组实践，共同策划展览等。

三好坞

三好坞建于1956年，由著名古建筑园林专家陈从周设计、题名，“三好”得名于“身体好、学习好、工作好”。陈从周先生在《“三好坞”谈往》中介绍了建造三好坞的原因和过程，当时学校师生造园的热情很高，挖土堆山，栽花移树，起名题字。如今的三好坞曲水环绕，柳绿成荫，成为师生休闲与活动的重要场所。

第二轮“双一流”建设学科

生物学、建筑学、土木工程、测绘科学与技术、环境科学与工程、城乡规划学、风景园林学、设计学。

一级学科国家重点学科

建筑学、土木工程、交通运输工程。

二级学科国家重点学科

海洋地质、工程力学、机械设计及理论、材料学、控制理论与控制工程、大地测量学与测量工程、环境工程。

二级学科国家重点（培育）学科

基础数学、凝聚态物理、车辆工程。

华东师范大学

East China Normal University

校训：求实创造，为人师表

院校代码： 10269

建校时间： 1951 年

学校类别： 师范类

办学层次： “双一流”“211 工程”“985 工程”

学校地址： 上海市普陀区中山北路 3663 号

1951 年： 在大夏大学原址上创立华东师范大学

1972 年： 与上海师范学院、上海体育学院等院校合并，改名为上海师范大学

1980 年： 恢复华东师范大学校名

2006 年： 进入国家“985工程”高校行列

2017 年： 进入首批国家“双一流”建设高校 A 类行列

从群贤堂到思群堂

走进华东师大中山北路的校门，便可看到一座3层高的白色小楼，门前有4根古典罗马式建筑风格的门柱，这就是华东师范大学最古老的建筑——群贤堂，又称文史楼，它是中国近现代历史的见证者。群贤堂建于1930年，取“群贤汇集之地”的意思。吕思勉、施蛰存、王元化、徐中玉、钱谷融等一大批人文科学的泰斗都曾在这里执教，鲁迅也曾在文史楼的二楼平台发表过演讲。而思群堂则是为纪念校长王伯群先生而建，被同学们称为“小礼堂”，很长一段时间享有“沪上高校礼堂之最”的美称。

文脉廊

华东师范大学文脉廊依樱桃河曲折而筑，以造型艺术展现华东师大几十年来的风雨历程，由杏坛、会通碑、梅苑、松坡、兰亭、竹巷，以及华师门7部分构成。这是为庆祝华东师范大学60周年华诞而建造的。

大夏书店

大夏书店坐落于华东师范大学正门北侧，作为一家校园书店，大夏书店是体现师大气质的一扇窗。大夏书店里的图书选品优质，图书分类也做得十分精准。书店曾多次邀请校内外教授、专家，举办包括通识大讲堂、思想季等系列在内的文化讲座与活动，如“非遗文化手工活动:《红楼梦》里的团扇情愫”“风物中国：水——天造江南，水生上海”等，为广大文化爱好者提供了交流的空间。

第二轮“双一流”建设学科

教育学、生态学、统计学。

国家级一流本科专业建设点

汉语言文学、历史学、英语、新闻学、学前教育、特殊教育、心理学、体育教育、社会学、统计学、数学与应用数学、化学、生物科学、地理科学、环境科学、软件工程、数据科学与大数据技术、微电子科学与工程、公共艺术、哲学、法语、播音与主持艺术、汉语国际教育、教育技术学、教育康复学、应用心理学、运动训练、思想政治教育、政治学与行政学、社会工作、法学、金融学、行政管理、物理学、生物技术、人文地理与城乡规划、生态学、环境设计、日语、翻译、俄语、广播电视编导、编辑出版学、汉语言、公共事业管理、社会体育指导与管理、经济学、信息管理与信息系统、工商管理、保险学、旅游管理、地理信息科学、环境生态工程、计算机科学与技术、通信工程、音乐学、美术学、视觉传达设计。

华东理工大学

East China University of Science and Technology

校训：勤奋求实、励志明德

学校信息

院校代码：10251

建校时间：1952 年

学校类别：理工类

办学层次：“双一流”“211 工程”

学校地址：上海市徐汇区梅陇路 130 号

光辉岁月

1952 年：
原华东化工学院创建，由交通大学、震旦大学、大同大学、东吴大学、江南大学等校化工系组建而成

1956 年：
被定为全国首批招收研究生的学校之一

1960 年：
被确定为教育部直属的全国重点大学

1993 年：
改名为华东理工大学

1996 年：
成为国家“211 工程”重点建设高校

知名校友

成思危：经济学家，社会活动家，民建会员，第九、十届全国人大常委会副委员长。成思危于1956年以优秀的成绩毕业于华东化工学院（现华东理工大学）无机物工学专业。毕业以后，成思危被分配到化工部沈阳化工研究院工作，担任技术员、专题组长。1978年，成思危到化工部科技局工作，任工程师。这期间，成思危一直从事并领导中国无机盐产品的研究与开发工作，对中国的硼矿及铬矿的加工利用进行了深入的研究。他在我国管理学和经济学领域亦有重要贡献。

闽南风情进校园

在华东理工大学徐汇校区的图书馆路西侧，有一处“刺桐园”，引得无数学子驻足欣赏，这是校园里唯一具有闽南风情的景观。廊架上的投影灯可投射泉州遗产的照片，且地面全部采用泉州古厝中最常见的六角砖铺设。“刺桐园”风光独好，无数师生学子在此处休憩、交流，亦能感受到浓厚的泉州文化。

钟灵毓秀赛龙舟

华东理工大学校园地理位置得天独厚，学校利用奉贤校区内的通海湖开展龙舟课教学、比赛及相关的文化活动。经过10余年的努力，华东理工大学已经形成完整的龙舟梯队，每年龙舟团队在校内校外组织10余场赛事。

第二轮“双一流”建设学科

化学、材料科学与工程、化学工程与技术。

国家重点学科

化学工程与技术（含化学工程、化学工艺、生物化工、应用化学、工业催化二级学科），化学过程机械（二级学科），控制理论与控制工程（二级学科），材料学（二级学科，培育）。

上海市重点学科

材料学、化工过程机械、控制理论与控制工程、发酵工程、环境工程、农药学、社会学、化学工程、生物化工、应用化学。

上海高校一流学科

化学工程与技术、化学、动力工程及工程热物理、控制科学与工程、环境科学与工程、药学、材料科学与工程。

上海财经大学

Shanghai University of Finance and Economics

校训：厚德博学，经济匡时

院校代码：10272

建校时间：1917 年

学校类别：财经类

办学层次：“双一流”“211 工程”

学校地址：上海市杨浦区国定路 777 号

1917 年：
前身为南京高等师范学校开设的商科

1921 年：
迁至上海，成立上海商科大学

1950 年：
更名为上海财政经济学院

1960 年：
更名为上海财经学院

1985 年：
更名为上海财经大学

1996 年：
成为国家“211 工程”重点建设高校

文化长廊

知名校友

曹沛霖：复旦大学国际关系与公共事务学院教授、博士生导师。1951年曹沛霖考进复旦大学合作经济系。1952年，由于高等学校院系调整，进入上海财经学院。1954年毕业后进入复旦大学马列主义基础教研室做教师。曹沛霖先后出版和主持翻译了《议会政治》《政府与市场》《比较政府体制》等著作，影响了一代政治学的发展。

名校风采

商学之源——我国最早的商科大学。上海财经大学建校于1917年，是中国教育史上最早的商学研究高等学府。1921年，学校迁至上海设立上海商科大学，由“中国现代大学之父”、中国现代高等教育事业先驱郭秉文担任校长，著名经济学家马寅初担任教务主任。

学位教育项目之源——我国最早的MBA（工商管理硕士）和EMBA（高级管理人员工商管理硕士）项目。1991年，学校获批成为国内首批开办MBA的院校之一；2002年，学校获批成为国内首批开办EMBA的院校之一。

专业聚焦

第二轮“双一流”建设学科

应用经济学。

国家级重点学科

财政学、会计学、经济思想史。

上海市重点学科

金融学、会计学、产业经济学、统计学、西方经济学、区域经济学。

东华大学

Donghua University

校训：崇德博学，砺志尚实

学校信息

院校代码： 10255

建校时间： 1951 年

学校类别： 综合类

办学层次： “双一流”“211 工程”

学校地址： 上海市延安西路 1882 号

光辉岁月

1951 年： 为培养纺织工程技术人才，华东纺织工学院创立

1985 年： 更名为中国纺织大学

1998 年： 成为“211 工程”重点建设高校之一

1999 年： 更名为东华大学，成为综合性大学

2017 年： 进入国家“双一流”建设高校行列

学校成就

2023年中国材料研究学会科学技术奖颁奖大会在深圳召开，纤维材料改性国家重点实验室张耀鹏研究员（第一完成人）团队与上海市水星家用纺织品有限公司联合申报，获得中国材料研究学会科学技术奖一等奖（技术发明奖）。

该科研成果针对天然蚕丝功能化程度低、强韧化程度不足、改性耗能污染高等产业化技术瓶颈，围绕丝素蛋白材料的结构解析、力学性能提升、功能拓展及批量化制备开展了系统研究。开发了一步法构筑基元多功能化的添食育蚕法、多重仿生纺丝新技术、生物组织工程支架力学-电学-生理活性集成技术等，拓展了丝素蛋白材料在高端纺织品及生物医用领域的应用，实现了高值化、多功能蚕丝及相关制品的批量化制备及生产示范线建立，加速了蚕丝由传统纺织品行业向功能化、高值化产业的转变，经济社会效益显著。

名校风采

东华大学地处上海，现有松江校区、延安路校区和新华路校区，占地面积近2000亩，校舍总建筑面积86万余平方米。学校在纺织、服装与材料科学领域具有较高的声望和实力。学校的纺织学与工程、服装设计与工程等专业一直在国内保持领先地位，培养了大量纺织、服装等行业的优秀人才。

跨学科交叉融合：学校鼓励不同学科领域之间的合作与交流，推动跨学科的研究和创新。这种跨学科的交叉融合有助于培养具备多方面知识和能力的综合型人才。

创新创业教育：学校注重学生的创新创业教育，提供创新实践平台和支持，鼓励学生参与创业项目、科研活动，培养学生的创新精神和实际能力。

国际化办学：东华大学致力于国际化发展，积极推进国际交流与合作，与众多国际高校建立合作关系，开展学生和教师的国际交流项目，为学生提供广阔的国际视野。

工程实践与实习机会：学校注重培养学生的实际操作能力，提供丰富的工程实践和实习机会。学生有机会在实际项目中应用所学知识，增强实际工作能力。

第二轮“双一流”建设学科

纺织科学与工程、材料科学与工程。

一级学科国家重点学科

纺织科学与工程。

二级学科国家重点学科

材料学、纺织工程、纺织材料与纺织品设计、纺织化学与染整工程、服装设计与工程。

国家重点（培育）学科

机械设计及理论。

上海大学

Shanghai University

校训：先天下之忧而忧，后天下之乐而乐

自强不息

学校信息

院校代码：10280

建校时间：1922 年

学校类别：综合类

办学层次：“双一流”“211 工程”

学校地址：上海市宝山区上大路 99 号

光辉岁月

1922 年：
上海大学成立，是中国共产党主导创办并实际领导的第一所正规大学

20 世纪 20 年代：
上海大学践行“养成建国人才，促进文化事业”的办学宗旨

1994 年：
上海工业大学、上海科技大学、上海科技高等专科学校与上海大学合并组建新的上海大学

知名校友

- **张统一：**河南郑州人。现任上海大学教授，上海大学材料基因组工程研究院院长。长期从事材料科学与工程和固体力学的研究。2011年当选中国科学院院士，2012年当选香港工程院院士。
- **刘昌胜：**湖北黄石人。现任上海大学党委副书记、校长、教授、中国科学院院士。长期从事生物材料的基础与应用研究，发展了多种活性骨修复材料以及生长因子制备和材料活化新技术；所研制的自固化磷酸钙人工骨获产品注册证并已在临床上获得广泛应用。

学校成就

上海大学生命科学学院非编码RNA与癌症实验室副教授李艳利联合复旦大学附属肿瘤医院邵杨和昆明医科大学第三附属医院王绍佳课题组，发现了在卵巢癌中低表达的hsa_circ_0001546通过结合14-3-3蛋白促进Tau蛋白磷酸化并诱导Tau蛋白聚集，进而促进脂质过氧化物的产生，诱导铁死亡，最终在体外和体内抑制卵巢癌转移的新机制。

名校风采

建校时期，云程发轫。1922年10月23日成立的上海大学，是中国共产党主导创办并实际领导的第一所正规大学。孙中山、李大钊、陈独秀、毛泽东等悉心关怀，于右任、邓中夏、瞿秋白、蔡和森、任弼时、张太雷、恽代英、邵力子、陈望道、田汉等贤达会聚上大。学校在中国革命史和教育史上留下了光辉的一页，彼时享有“文有上大，武有黄埔”“北有五四时期的北大，南有五卅时期的上大”的盛誉。

20世纪20年代的上海大学践行“养成建国人才，促进文化事业”的办学宗旨，成就瞩目，英才济济。杨尚昆、王稼祥、秦邦宪、关向应、李硕勋、王步文、刘华、何秉彝、杨之华、张琴秋、钟复光、丁玲、戴望舒、谭其骧、王一知等都从这里走出，他们中有党和国家领导人，有为国捐躯的烈士，有著名的社会活动家，有一流的学者、作家、剧作家、诗人等，在马克思主义理论传播、社会科学研究、自然科学普及等方面都做出了杰出的贡献。

赶超时期，争创一流。如今的上海大学以列入上海高水平地方大学建设为契机，践行新时代新发展理念，抢抓机遇、锐意改革，追卓越、创一流，努力在世界大学行列中书写鲜明印记，在践行上海城市品格中彰显上大特质。学校入选国家“双一流”建设高校，综合实力进入全球前300，全面开启建设世界一流、特色鲜明的综合性研究型大学新征程。

专业聚焦

第二轮“双一流”建设学科

机械工程。

二级学科国家重点学科

钢铁冶金、机械电子工程、流体力学、社会学。

上海市“重中之重”学科

钢铁冶金。

上海市一流学科（B类）

社会学、世界史、数学、力学、机械工程、材料科学与工程、冶金工程、信息与通信工程、环境科学与工程、戏剧与影视学、美术学。

上海理工大学

University of Shanghai for Science and Technology

校训：信义勤爱、思学志远

学校信息

院校代码： 10252

建校时间： 1906 年

学校类别： 理工类

学校地址： 上海市杨浦区军工路 516 号

光辉岁月

1906 年：
美国基督教南北浸会在上海浦江之滨创建沪江大学，后更名为华东工业大学

1907 年：
德国医生宝隆博士创建德文医学堂，后更名为上海机械高等专科学校

1996 年：
华东工业大学和上海机械高等专科学校合并组建上海理工大学

知名校友

庄松林：江苏溧阳人，上海理工大学光电信息与计算机工程学院院长。长期从事应用光学、光学工程和光电子学的研究，设计了百余种光学系统及仪器，是国内率先开展光学系统CAD的研究者。

李博：上海理工大学第一届优秀校友、中英学院校友会会长。曾被评为上海市创业联盟“中关村杯优秀创业者”、2013年度中国教育装备行业十大领军人物，获得山东德州五一劳动奖章。

学校成就

上海理工大学和中国科学院上海光学精密机械研究所的团队，利用光存储技术提出了绿色、长寿命、大数据存储的解决方案，研究成果以“Pb容量三维纳米光子存储”为题，发表在《自然》上。科研人员利用双光束技术突破光学衍射极限的限制，首次证实可以在三维空间实现多至百层的、超分辨尺寸下的信息点的写入和读出，单张盘容量可以高达Pb级，相当于至少一万张蓝光光盘的容量。也就是说，在这项技术的推动下，存下全球一年数据所需的Pb级光盘的数量相较于硬盘可以减少两个数量级，达到“以一抵百”的效果。

名校风采

巍巍学府，沧桑百年，薪火相传，弦歌不辍。上海理工大学孕育了一大批爱国青年和志士仁人，滋养了一大批学术精英、工程专家和社会翘楚，为国家和社会培养了10余万优秀专业人才，享有中国“制造业黄埔军校”的美誉。上海理工大学是装备制造、医疗器械、出版印刷行业骨干高校。

学校设有18个学院（部），现有全日制在校生27000余人，其中本科生16000余人，研究生11000余人。现有教职工2700余人，其中中国科学院、中国工程院院士7人（含双聘）。

学校是国内最早开办国际合作办学的高校之一，国际学生近600人，与美国、英国、德国、加拿大、日本、澳大利亚、爱尔兰等39个国家和地区的近200所高等院校和研究机构建立了合作关系，建有中英国际学院和中德国际学院2个中外合作办学机构。学校是沪港大学联盟副理事长单位。

国家重点（培育）学科

光学工程。

ESI世界前1%学科

工程学、材料科学、化学、计算机科学、环境/生态学。

国家新闻出版总署重点学科（培育）

数字出版与传播。

机械工业部重点学科

动力机械及工程、系统分析与集成、热能工程、系统工程、光学工程、制冷与低温工程、工程热物理。

湖北

华中科技大学

武汉大学

武汉理工大学

华中农业大学

华中师范大学

中南财经政法大学

中国地质大学（武汉）

武汉科技大学

华中科技大学

Huazhong University of Science and Technology

校训：明德、厚学、求是、创新

学校信息

院校代码： 10487

建校时间： 1952 年

学校类别： 综合类

办学层次： “双一流”“211 工程”“985 工程”

学校地址： 湖北省武汉市洪山区珞喻路 1037 号

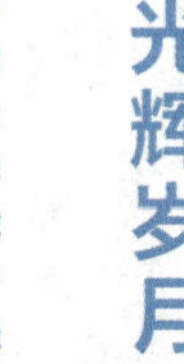

光辉岁月

1907 年：
原同济医科大学前身上海德文医学堂在上海创立

1927 年：
更名为国立同济大学医学院

1951 年：
同济大学医学院迁往武汉，并与武汉大学医学院合并，组建中南同济医院

1985 年：
更名为同济医科大学

1988 年：
更名为华中理工大学

2000 年：
原华中理工大学、同济医科大学、武汉城市建设学院合并组建华中科技大学

按照“应用领先、基础突破、协调发展”的科技发展方略，华中科技大学构建起了覆盖基础研究层、高新技术研究层、技术开发层三个层次的科技创新体系。建设有以武汉光电国家研究中心、国家脉冲强磁场科学中心、精密重力测量国家重大科技基础设施、国家数字化设计与制造创新中心等以“四颗明珠”为代表的一批国家重大科研基地，拥有7个全国重点实验室、2个国家技术创新中心、1个国家产教融合创新平台、7个国家工程（技术）研究中心、1个国家临床医学研究中心、1个国家医学中心、1个集成攻关大平台、1个“一带一路”联合实验室、6个科技部国家国际科技合作基地及一批省部级科研基地。

校园之大

华中科技大学的校园规模宏大，仅地铁站就有5个，分别是珞雄路站、华中科技大学站、光谷大道站、佳园路站和青年路站。有人曾形象地说：“我科有多大，五站装不下。”这句话正是对华科校园广袤面积的生动描述。由此可见，华科校园绝非几句话、几张照片所能完整展示的。华科校园内拥有30多个食堂，这些食堂各具特色，窗口众多，为学生提供了丰富多样的饮食选择。无论是东方美味还是西方料理，学生们都能找到自己喜欢的口味，享受美食的乐趣。不过，想要在4年里尝遍所有窗口的美食，也是一项不小的挑战。

与树结缘

走进华中科技大学，俨然走进了一个“树”的世界。主校区校园占地7000余亩，种植了约18万棵树，树木品种累计超过200种，校园绿化覆盖高达72%。树木葱郁，种类繁多，“森林大学”的称号名副其实。

第二轮“双一流”建设学科

机械工程、光学工程、材料学与工程、动力工程及工程热物理、电气工程、计算机科学与技术、基础医学、公共卫生与预防医学、临床医学。

一级学科国家重点学科

机械工程、光学工程、材料科学与工程、动力工程及工程热物理、电气工程、控制科学与工程、生物医学工程。

二级学科国家重点学科

西方经济学、高等教育学、生物物理学、微电子学与固体电子学、计算机系统结构、水利水电工程、病理学与病理生理学、内科学（心血管病）、内科学（血液病）、内科学（呼吸系病）、外科学（普外）、外科学（泌尿外）、妇产科学、麻醉学、劳动卫生与环境卫生学。

国家重点（培育）学科

通信与信息系统、内科学（传染病）、影像医学与核医学、儿少卫生与妇幼保健学、中西医结合基础、药理学、管理科学与工程。

武汉大学

Wuhan University

校训：自强 弘毅 求是 拓新

学校信息

院校代码： 10486

建校时间： 1893 年

学校类别： 综合类

办学层次： “双一流”“211 工程”“985 工程”

学校地址： 湖北省武汉市武昌区八一路 299 号

光辉岁月

1893 年：
清末湖广总督张之洞奏请清政府创办自强学堂，是为学校前身

1928 年：
组建国立武汉大学，是近代中国第一批国立大学之一

1949 年：
更名为武汉大学

1995 年：
成为首批进入国家“211 工程”重点建设的大学之一

1999 年：
世界权威期刊 *Science*（《科学》）杂志将武汉大学列为“中国最杰出的大学之一”

2001 年：
正式进入国家“985 工程”重点建设院校名单

2017 年：
入选国家首批“双一流”建设高校

文化长廊

知名校友

辜鸿铭：学博中西，号称“清末怪杰”，精通英、法、德、拉丁、希腊、马来西亚等9种语言，获13个博士学位，精通西洋科学、语言兼及东方华学。他协助张之洞创办了自强学堂（武汉大学前身），1896年自强学堂实施改革，增设德、法、俄、日诸文。辜鸿铭仍于公务余暇兼授英语、德语。辜鸿铭授课极严，成为自强学堂一代名师。

闻一多：中国近代诗人、学者、民盟盟员、民主战士。1928年，担任武汉大学文学院院长。

名校风采

武汉大学环绕东湖水，坐拥珞珈山，校园环境优美，风景如画，被誉为“中国最美丽的大学”之一。学校占地面积5195亩，建筑面积295万平方米。中西合璧的宫殿式建筑群古朴典雅，巍峨壮观，26栋早期建筑被列为“全国重点文物保护单位”。回眸过去，筚路蓝缕，励精图治，玉汝于成。珞珈山上风云际会，周恩来、董必武、陈潭秋、罗荣桓曾在这里指点江山；辜鸿铭、竺可桢、李四光、闻一多、郁达夫、叶圣陶、李达等曾在这里激扬文字。100多年来，武汉大学汇集了中华民族近现代史上众多的精彩华章，形成了优良的革命传统，积淀了厚重的人文底蕴，培育了“自强、弘毅、求是、拓新”的大学精神。

第二轮“双一流”建设学科

理论经济学、法学、马克思主义理论、化学、地球物理学、生物学、土木工程、水利工程、测绘科学与技术、口腔医学、图书情报与档案管理。

一级学科国家重点学科

理论经济学，生物学，水利工程，测绘科学与技术，图书馆、情报与档案管理。

二级学科国家重点学科

马克思主义哲学、中国哲学、金融学、环境与资源保护法学、国际法学、马克思主义基本原理、中国现当代文学、中国古代史、世界史、基础数学、凝聚态物理、无线电物理、分析化学、地图学与地理信息系统、计算机软件与理论、口腔基础医学、社会保障。

国家重点（培育）学科

宪法学与行政法学、思想政治教育、中国古代文学、法语语言文学、空间物理学、内科学（心血管病）。

武汉理工大学

Wuhan University of Technology

校训：厚德博学，追求卓越

学校信息

院校代码： 10497

建校时间： 1898 年

学校类别： 理工类

办学层次： “双一流”“211 工程”

学校地址： 湖北省武汉市洪山区珞狮路 122 号

光辉岁月

1898 年： 学校前身湖北工艺学堂建立

1907 年： 更名为湖北中等工业学堂

1996 年： 入选国家“211 工程”重点建设高校

2000 年： 原武汉工业大学、武汉交通科技大学、武汉汽车工业大学合并组建武汉理工大学

2017 年： 入选国家首批“双一流”建设高校

2022 年： 入选国家第二轮“双一流”建设高校

知名校友

▸ **张之洞：**清末洋务派首领，字孝达，河北人。1889年调湖广总督后，开办汉阳铁厂、湖北枪炮厂，设立织布、纺纱、缫丝、制麻四局，创办自强学堂，筹办卢汉铁路。张之洞是一个有远见、有才华的人，深知国家的未来发展与教育水平息息相关，所以秘密筹备一所新的学校，希望能为国家培养一批优秀的人才，而这所学校就是武汉理工大学的前身。

百花齐放的校园生活

武汉理工大学为学生开设了音乐鉴赏、影视鉴赏、交响音乐赏析、中国民族器乐赏析、古琴（初级）、古筝（初级）、钢琴演奏（初级）、声乐演唱等，涵盖音乐、舞蹈、戏剧、戏曲、美术、摄影、影视多个领域的艺术鉴赏和艺术实践课程，超过200种课程可供学生选择，从不同角度帮助学生了解中外优秀艺术成果。在课堂上，学生们能够尽情地感受美、表现美，并拥有鉴赏美的能力。除此之外，交响乐、芭蕾舞、京剧、昆曲、歌剧、话剧等几十场高雅艺术走进了武汉理工大学的校园，让学生的校园生活充满魅力、充满美。

第二轮“双一流”建设学科

材料科学与工程。

国家级一流本科专业建设点

材料成型及控制工程、材料科学与工程、材料物理、材料化学、无机非金属材料工程、高分子材料与工程、复合材料与工程、新能源材料与器件、交通运输、交通工程、物流管理、物流工程、能源与动力工程、船舶与海洋工程、轮机工程、车辆工程、土木工程、采矿工程、航海技术、产品设计等。

华中农业大学

Huazhong Agricultural University

校训：勤读力耕、立己达人

学校信息

院校代码：10504

建校时间：1898 年

学校类别：农林类

办学层次：“双一流”“211 工程”

学校地址：湖北省武汉市洪山区狮子山街 1 号

光辉岁月

1898 年：学校前身湖北农务学堂建立

1952 年：由武汉大学农学院、湖北农学院全部系科以及原中山大学等 6 所综合性大学农学院的部分系科组建成立华中农学院

1979 年：经国务院批准，学校列为全国重点大学，直属农业部

1985 年：更名为华中农业大学

2005 年：进入国家“211 工程”建设行列

2017 年：入选国家首批“双一流”建设高校

2022 年：入选国家第二轮“双一流”建设高校

科技实力，不容小觑

华中农业大学现有全国重点实验室3个，国家工程（技术）研究中心3个，国家生物育种产教融合创新平台1个，教育部前沿科学中心1个，国际科技合作基地14个，部省级重点（工程）实验室31个，部省级研发中心44个，高等学校学科创新引智基地（“111”计划）7个，省级高校人文社科重点研究基地4个。近5年，获批科研项目7019项，经费49.1亿元。在杂交油菜、绿色超级稻、优质种猪、动物疫苗、优质柑橘、试管种薯和棉花、玉米、淡水鱼等研究领域，取得一批享誉国内外的标志性成果。

华中农业大学博物馆

华中农业大学博物馆分为标本陈列展示区和永久标本馆藏区，展示保存的包括世界珍稀及濒危动植物，全国各地土壤、地质矿产、化石等在内的实物标本数十万件。标本陈列展示区分序厅、昆虫、野生动物、家畜家禽、植物、土壤地矿6个展厅。除实物标本以外，博物馆所有展厅均配备有触摸式电子展示系统，内容丰富翔实。

蜂蜜文化馆

华中农业大学蜂蜜文化馆是中国首个蜜蜂文化馆，主要介绍蜜蜂的起源与生物共存、世界养蜂业及中国养蜂发展史、蜂蜜产品与人类健康、蜜蜂千姿百态采蜜图等相关内容。另配套建有蜜源植物观赏园和示范养蜂场。

第二轮“双一流”建设学科

生物学、园艺学、畜牧学、兽医学、农林经济管理。

一级学科国家重点学科

作物学。

二级学科国家重点学科

作物栽培学与耕作学、作物遗传育种、果树学、微生物学、生物化学与分子生物学、水产养殖、动物遗传育种与繁殖、农业经济管理。

国家重点（培育）学科

蔬菜学。

华中师范大学

Central China Normal University

校训：求实创新、立德树人

学校信息

院校代码： 10511

建校时间： 1903 年

学校类别： 师范类

办学层次：“双一流”“211 工程”

学校地址： 湖北省武汉市洪山区珞喻路 152 号

光辉岁月

1903 年：
学校前身文华书院大学部创立

1951 年：
中原大学教育学院与华中大学合并组建公立华中大学

1952 年：
改名为华中高等师范学校

1953 年：
定名为华中师范学院

1985 年：
更名为华中师范大学

文化长廊

兼收并蓄，博采众长

学校既继承了中国传统文化的精华，又汲取了外来文化的养分，更弘扬了革命文化的传统，形成了“求实创新、立德树人”的校训和“忠诚博雅、朴实刚毅”的大学精神，为国家培养了60多万优秀人才。

名校风采

博学、博爱、博雅

华中师范大学位于九省通衢的湖北省武汉市，坐落在武昌南湖之滨的桂子山上。校园文化丰富多彩，学校以“博学、博爱、博雅”为主题建设了“三博”校园文化，校园里有超过100个学生社团，涉及多个领域。学校举办的“创新杯科学文化节”“博雅大讲堂”“一二 · 九诗歌散文大赛”“桂苑之歌”等品牌活动在武汉乃至全国都产生了较为深刻的影响。

专业聚焦

第二轮“双一流”建设学科

政治学、教育学、中国语言文学。

国家重点学科

中外政治制度、科学社会主义与国际共产主义运动、马克思主义基本原理、教育学原理、汉语言文字学、中国近现代史、农药学、理论物理、文艺学（培育）。

中南财经政法大学

Zhongnan University of Economics and Law

校训：博文明理、厚德济世

学校信息

院校代码：10520

建校时间：1948 年

学校类别：财经类

办学层次：“双一流”“211 工程”

学校地址：湖北省武汉市东湖新技术开发区南湖大道 182 号

光辉岁月

1948 年：学校前身中原大学创立

1971 年：改名为湖北财经专科学校

1978 年：更名为湖北财经学院

1984 年：恢复重建中南政法学院

1985 年：湖北财经学院改名为中南财经大学

2000 年：中南财经大学与中南政法学院共同组建中南财经政法大学

学校始终秉承“博文明理，厚德济世”的校训，弘扬“砥砺德行、守望正义、崇尚创新、止于至善”的办学精神和“由党创办、建校为党、成长为国、发展为人民”的红色基因，形成了财经政法深度融通的办学特色和“融通性、创新型和开放式”的人才培养特色，先后为国家经济社会发展输送了40余万名各类优秀人才。

黄鹤楼下，南湖之畔

中南财经政法大学现有2个校区，分别是首义校区和南湖校区。首义校区位于历史悠久的黄鹤楼下，占地面积超过300亩，校园内风景秀丽，每一处都令人倍感舒适。南湖校区位于风景秀丽的南湖湖畔，占地面积超过2800亩，也是中南财经政法大学的校本部，湖光山色，风景秀丽，校园内建筑各具特色，春夏花香扑鼻。

第二轮“双一流”建设学科

法学。

国家级重点学科

财政学、会计学、金融学、民商法学。

国家级重点（培育）学科

经济史。

省部级重点学科

政治经济学、经济史、国民经济学、金融学、产业经济学、统计学、法律史、民商法学、经济法学、企业管理、社会保障。

中国地质大学（武汉）

China University of Geosciences

校训：艰苦朴素，求真务实

学校信息

院校代码： 10491

建校时间： 1952 年

学校类别： 理工类

办学层次： “双一流”“211 工程”

学校地址： 湖北省武汉市洪山区鲁磨路 388 号

光辉岁月

1952 年：
前身是北京大学、清华大学等院校的地质系（科）合并组建而成的北京地质学院

1970 年：
整体迁至湖北办学，更名为湖北地质学院

1974 年：
定址武汉，更名为武汉地质学院

1987 年：
更名为中国地质大学，在武汉、北京两地办学，总部在武汉

1997 年：
首批跨入“211 工程”重点建设行列

2017 年：
首批进入“双一流”建设高校名单

学校成就

2023年，全球智慧城市峰会暨第三届国际城市信息学会议在香港理工大学举行，中国地质大学（武汉）国家地理信息系统工程技术研究中心研制的城市时空信息感知基站硬件产品，荣获全球智慧城市技术创新奖铜奖。

城市时空信息感知基站融合了地理信息系统、物联网、电子与无线通信以及自动化等前沿技术，解决了城市泛在感知资源边缘统一接入、感知能力边缘动态协同和感知信息边缘即时制图的时空信息服务难题，为新一代城市综合感知服务基础设施构建提供了关键部件。城市时空信息感知基站在智慧社区、交通应急和生态环境领域的综合感知方面，具有显著的应用价值。目前，该基站已经初步应用于交通、生态、灾害和社区等领域。

中国地质大学（武汉）位于武汉东湖之畔，南望山麓，校园内蓝天碧水，绿树成荫，芳草萋萋，如诗如画。现有南望山校区、未来城校区，在北京周口店、河北北戴河、湖北秭归和巴东设有野外地质教学实习基地。学校以地球科学为主要特色，学科涵盖理学、工学、文学、管理学、经济学、法学、教育学、艺术学等门类，地质学、地质资源与地质工程2个一级学科入选“双一流”建设学科。

学校现有教职员工3405人，23个学院、70个本科专业，16个一级学科博士点围绕学科前沿和经济社会发展的需求，构建以地球科学为主导，多学科相互支撑、协调发展的学科生态系统。

学校拥有国家AAAA级旅游景区——逸夫博物馆，其他特色包括：地大隧道、化石林等。化石林始建于2002年春季，占地1500平方米，由70多株产于辽宁、新疆、内蒙古等地的硅木化石组成。

专业聚焦

国家重点学科

地质学、地质资源与地质工程。

湖北省重点学科

应用经济学、马克思主义理论、地理学、海洋科学、地球物理学、材料科学与工程、计算机科学与技术、土木工程、水利工程、测绘科学与技术、石油与天然气工程、环境科学与工程、安全科学与工程、管理科学与工程、公共管理、设计学。

ESI世界前1%学科

地球科学、工程学、环境/生态学、材料科学、化学、计算机科学、社会科学、农业科学。

武汉科技大学

Wuhan University of Science and Technology

校训：厚德博学、崇实去浮

学校信息

院校代码： 10488

建校时间： 1898 年

学校类别： 综合类

学校地址： 湖北省武汉市青山区和平大道 947 号

光辉岁月

1898 年：
清末湖广总督张之洞奏请清朝政府批准成立湖北工艺学堂

1953 年：
更名为中南钢铁工业学校

1958 年：
组建武汉钢铁学院

1995 年：
武汉钢铁学院、武汉建筑高等专科学校、武汉冶金医学高等专科学校合并组建为武汉冶金科技大学

1999 年：
更名为武汉科技大学

文化长廊

知名校友

▸ **刘本仁**：浙江平湖人，1965年毕业于武汉钢铁学院。曾荣获“中华人民共和国有突出贡献的专家”和“湖北省优秀企业家”称号。

学校成就

2024年，武汉科技大学省部共建耐火材料与冶金国家重点实验室、先进材料与纳米技术研究院霍开富教授团队，在先进能源材料和储能技术方面取得系列重要研究进展。

针对合金型负极材料在循环过程中大体积变化导致的巨大应力问题，该研究团队在前期三维蚁巢状多孔硅研究基础上（*Nature Communications*, 2019, 10, 1447），设计和制备出三维微纳分级结构多孔锗（p–Ge）。该材料是微纳分级结构，具有大的容量、短的锂离子扩散路径和缓解体积膨胀的优点。通过原位/半原位实验表征手段和理论计算，揭示了微纳分级多孔锗的存锂机制和应力分散行为。

名校风采

学校综合排名高，整体居全国高校100强左右。

学科建设成果不错，材料科学与工程、冶金与矿业工程、机械工程3个学科入选湖北省“国内一流学科”建设学科；材料科学、工程学、化学、临床医学、计算机科学、环境/生态学6个学科进入ESI全球排名前1%。

师资水平较高，学校目前拥有专任教师1900余人，拥有全职及双聘院士5人、俄罗斯工程院外籍院士2人，还有国家杰出青年科学基金项目、国家“百千万人才工程”等国家重要人才。

国家重点（培育）学科

材料学。

省级重点学科

材料科学与工程、冶金工程、机械工程、控制科学与工程、化学工程与技术、矿业工程、安全科学与工程、管理科学与工程、公共管理、计算机科学与技术。

省级重点（培育）学科

马克思主义理论、数学、生物学、外国语言文学、公共卫生与预防医学。

省级“国内一流学科”建设学科

材料科学与工程、冶金与矿业工程、机械工程。

湖北省一流学科重点建设学科

材料科学与工程。

江苏

南京大学
东南大学
河海大学
南京理工大学
苏州大学
南京师范大学
南京农业大学
南京航空航天大学
江南大学
扬州大学
中国矿业大学
江苏大学
南京林业大学
南京工业大学
中国药科大学

南京大学

Nanjing University

校训：诚朴雄伟，励学敦行

学校信息

院校代码：10284

建校时间：1902 年

学校类别：综合类

办学层次：“双一流”“211 工程”“985 工程”

学校地址：江苏省南京市鼓楼区汉口路 22 号

光辉岁月

1902 年：
学校前身三江师范学堂创立

1950 年：
更名为南京大学

1996 年：
被确定为国家“211 工程”重点支持的大学

1999 年：
进入国家“985 工程”首批重点建设的高水平大学行列

2017 年：
入选国家“双一流”建设高校 A 类名单

南京大学是一所历史悠久、声誉卓著的高等学府。在一个多世纪的办学历程中，南京大学及其前身与时代同呼吸、与民族共命运，谋国家之强盛、求科教之进步，为国家的富强和民族的振兴做出了重要的贡献。尤其是改革开放以来，作为教育部直属的重点综合性大学，南京大学在崭新的历史机遇中焕发出新的生机，首批入选国家“211工程”和“985工程”建设序列，首批入选国家“双一流”建设高校，首批入选国家级双创示范基地，始终处于中国大学的第一方阵，获得了公认的社会影响和学术声誉。

格物致知

南京大学的前身即“以科学名世”，格物致知、追求真理的科学精神和传统始终贯穿南京大学的发展史，成为南京大学办学最重要的特色。一代又一代的南大人孜孜求索、攀高攻坚、为国争光、为民造福，涌现出一大批优秀的科研成果，蜚声国内外学界。今日南大着力推进实施科研转型提升战略，持续探索以基础研究为根，向创造技术、成果转化延伸拓展的“三位一体原创驱动式”科学研究新模式，打造“理工医”新高峰；深入推进哲学社会科学在“学术原创、方法转型、服务国家”等三个向度的创新发展，助力构建具有中国特色、中国风格、中国气派的学科体系、学术体系、话语体系。

第二轮“双一流”建设学科

哲学、理论经济学、中国语言文学、外国语言文学、物理学、化学、天文学、大气科学、地质学、生物学、材料科学与工程、计算机科学与技术、化学工程与技术、矿业工程、环境科学与工程、图书情报与档案管理。

一级学科国家重点学科

中国语言文学、数学、物理学、化学、天文学、地质学、生物学、计算机科学与技术。

二级学科国家重点学科

马克思主义哲学、世界史、政治经济学、企业管理、英语语言文学、社会学、情报学、微电子与固体电子学、环境科学、材料物理与化学、气象学、自然地理学、外科学（普外）。

国家重点（培育）学科

经济法学、中国近代史、世界经济、环境工程、水文与水资源、大气物理与大气环境。

东南大学

Southeast University

校训：止于至善

学校信息

院校代码：10286

建校时间：1902 年

学校类别：综合类

办学层次：“双一流”“211 工程”“985 工程”

学校地址：江苏省南京市玄武区四牌楼 2 号

光辉岁月

1902 年： 学校前身三江师范学堂创建

1928 年： 改名为国立中央大学

1952 年： 全国高校院系调整，在国立中央大学本部原址建立了南京工学院

1988 年： 更名为东南大学

1996 年： 入选首批“211 工程”重点建设高校

2000 年： 原东南大学、南京铁道医学院、南京交通高等专科学校合并，南京地质学校并入，组建新的东南大学

2001 年： 被列入国家“985 工程”重点建设高校

科技校园，助力国家重大工程建设

近年来，学校参与了“探月计划”“三峡工程”“500米口径射电望远镜”、北京城市副中心、港珠澳大桥、高铁技术、南极科考、无线充电等国家重大工程。近5年共牵头获教育部高校人文社会科学优秀成果奖21项，其中一等奖2项。东南大学国家大学科技园获评为优秀国家大学科技园。当前，东南大学正着力打造高水平科技创新格局，以更好服务国家重大发展战略。

古老文物

东南大学老图书馆门口，保存着明朝国子监大殿的石刻龙头，名为螭首，是一种没有角的龙。传说是龙王的九子之一，有高强的吞吐水的本领，把它放在图书馆门口，有避火防火的寓意。它也是东南大学现存最古老的文物。

东南大学图书馆

作为我国历史最悠久的大学图书馆之一，东南大学图书馆肇起于1902年三江师范学堂藏书楼，经两江师范学堂图书室、国立东南大学图书馆等重要时期，现已发展成为馆藏日臻丰富、服务日趋完善、技术日益先进的现代化、信息化的学术图书馆。东南大学图书馆由九龙湖校区李文正图书馆、四牌楼校区图书馆、丁家桥校区图书馆组成，馆舍总面积达6.69万平方米。

第二轮“双一流”建设学科

机械工程、材料科学与工程、电子科学与技术、信息与通信工程、控制科学与工程、计算机科学与技术、建筑学、土木工程、交通运输工程、生物医学工程、风景园林学、艺术学理论。

一级学科国家重点学科

电子科学与技术（物理电子学、电路与系统、微电子学与固体电子学、电磁场与微波技术），信息与通信工程（通信与信息系统、信号与信息处理），建筑学（建筑历史与理论、建筑设计及其理论、城市规划与设计、建筑技术科学），交通运输工程（道路与铁道工程、交通信息工程及控制、交通运输规划与管理、载运工具运用工程），生物医学工程（不分设二级学科）。

二级学科国家重点学科

艺术学、热能工程、控制理论与控制工程、计算机应用技术、结构工程。

国家重点（培育）学科

机械制造及其自动化。

河海大学

Hohai University

校训：艰苦朴素、实事求是、

严格要求、勇于探索

学校信息

院校代码：10294

建校时间：1915 年

学校类别：综合类

办学层次：“双一流”“211 工程”

学校地址：江苏省南京市西康路 1 号

光辉岁月

1915 年：
河海工程专门学校创立

1924 年：
与东南大学工科合并成立河海工科大学

1927 年：
并入第四中山大学

1952 年：
南京大学水利系与交通大学、同济大学、浙江大学等高校的水利系科以及华东水利专科学校组建华东水利学院

1985 年：
恢复传统河海大学校名

1996 年：
被确定为国家“211 工程”重点建设高校

知名校友

张謇：江苏南通人，河海工程专门学校（现河海大学）创办者。清光绪状元，称实业、教育为“富强之大本”，先后创办大生纱厂、通州师范、河海工程专门学校等20多家企业、370多所学校。1909年被推为江苏谘议局议长，辛亥革命后任南京临时政府实业总长、北洋政府农商总长，袁世凯将称帝时辞职南归续办实业与教育。

上善若水，润物无声

在河海大学常州校区东西轴线的中央，有一座若水广场。广场总占地1万余平方米，由升旗区、集体活动区、休闲区和山林区四个区段构成。广场上草坪宽阔，夏日里绿树成荫，喷泉为经过的师生们带来丝丝凉意，是河海大学内一抹亮丽的风景线。“若水广场”四个大字由中国科学院、中国工程院院士，河海大学名誉校长严恺老先生亲笔题写。该广场的命名取“上善若水”之意，彰显水“善利万物而不争”的胸襟、涵养、气度和美德。

河海大学图书馆——历史的见证者

河海大学的图书馆里有着一段古香古色的木质旋转楼梯，近些年成为影视剧的取景地，引来众多游客前来打卡拍照。它历尽了沧桑，留下了岁月的痕迹，是一代又一代河海学子勤学善思的见证者。

第二轮“双一流”建设学科

水利工程、环境科学与工程。

一级学科国家重点学科

水利工程。

二级学科国家重点学科

工程力学、岩土工程、水文学及水资源、水力学及河流动力学、水工结构工程、水利水电工程、港口海岸及近海工程。

南京理工大学

Nanjing University of Science and Technology

校训：进德修业，志道鼎新

院校代码： 10288

建校时间： 1953 年

学校类别： 理工类

办学层次： “双一流”“211 工程”

学校地址： 江苏省南京市玄武区孝陵卫街 200 号

1953 年：
由中国人民解放军军事工程学院（简称“哈军工”）分建而成

1993 年：
更名为南京理工大学

1995 年：
成为国家首批“211 工程”重点建设高校

2011 年：
获批建设“985 工程优势学科创新平台”

2017 年：
入选国家“双一流”建设高校

科技实力雄厚

南京理工大学主动对接服务国家重大战略，不断推进陆、海、空、天、信融合发展，为国防自主创新和经济社会发展提供了强有力的支撑。南京理工大学建有国家大学科技园，并以此为依托承担了一大批国家重大科研任务，产出了一批重大原创性成果。发明了世界领先的全等式模块装药技术，作为总师单位研制的某型车载炮武器系统亮相国庆70周年阅兵式并列装部队；首创复杂装备系统动力学快速计算方法，建立多体系统发射动力学理论与技术体系；合成了全球首个氮五阴离子盐，成果在*Science*、*Nature*发表，引领国际新型高能含能材料发展；发明高温PST钛铝单晶，攻克钛铝合金室温脆性大和服役温度低两大国际性难题，推动我国航空发动机核心技术发展；研制出国内首个固态图像增强器件和红外图像信号处理专用芯片，使我国成为第三个可以自主研制和生产同类器件的国家。

“和平园”内的“和平花”

南京理工大学北依紫金山，西临明城墙，校园绿化面积达77.8万平方米，绿化覆盖率达到48.7%。长期以来，以曲塘潋滟、春和景明的校园环境著称。校园北面有一大片生长茂密的水杉林，此处有一个美好的名字，名为“和平园”。它是南京理工大学师生与日本民间著名反战团体——“紫金草”合唱团共同创建的一个“牢记历史、呼唤和平”的校园主题景观。“和平园”也因二月兰而闻名，二月兰又称“和平之花”。每年二月份前后，校园内种植的二月兰次第绽放，远远望去，一片紫色的花海，吸引着无数校内外的游人在此拍照留念。

第二轮“双一流”建设学科

兵器科学与技术。

一级学科国家重点学科

兵器科学与技术、光学工程。

二级学科国家重点学科

武器系统与运用工程，兵器发射理论与技术，火炮、自动武器与弹药工程，军事化学与烟火技术，材料学，电磁场与微波技术，应用化学，模式识别与智能系统。

苏州大学

Soochow University

校训：养天地正气，法古今完人

学校信息

院校代码： 10285

建校时间： 1900 年

学校类别： 综合类

办学层次： “双一流”“211 工程”

学校地址： 江苏省苏州市姑苏区十梓街 1 号

光辉岁月

1900 年： 学校前身东吴大学创办

1952 年： 组建苏南师范学院，同年更名为江苏师范学院

1982 年： 更名为苏州大学

1996 年： 入选国家“211 工程”重点建设高校

2017 年： 入选国家“双一流”建设高校

2022 年： 入选第二轮“双一流”建设高校及建设学科名单

文化长廊

知名校友

费孝通：苏州吴江人，著名的社会学家、人类学家、民族学家、社会活动家，是我国社会学和人类学的奠基人之一，曾担任第七、八届全国人民代表大会常务委员会副委员长，是苏州大学的杰出校友之一。1930年，费孝通毕业于东吴大学（苏州大学前身）医预科。费孝通一生著作颇丰，代表作有《江村经济》《禄村农田》《生育制度》《乡土中国》《乡土重建》等。其中，《江村经济》被学界公认为中国人类学实地调查和理论工作发展中的一个里程碑。

名校风采

东吴门

苏州大学东吴门已经成为苏州大学的一个特色建筑标志，校门主体仿中国传统牌楼建造。后来这扇校门经过重修，保留了门上所写的“东吴大学”四个字，其是晚清状元、同治和光绪两位皇帝的帝师、常熟人翁同龢题写的，背面两侧写着校训“养天地正气，法古今完人”。“走进东吴门，一生苏大人”更是成为苏大学子的骄傲。

文星阁

文星阁也被叫作钟楼、方塔，始建于明嘉靖二十年（1541年），现存阁为清乾隆十七年（1752年）重建，同治年间重修。1982年被列为苏州市文物保护单位，2002年，苏州文星阁与东吴大学旧址被共同列入江苏省文物保护单位。

专业聚焦

第二轮“双一流”建设学科

材料科学与工程。

国家级重点学科

纺织工程学、内科学（血液病）、放射医学、外科学（骨外）。

南京师范大学

Nanjing Normal University

校训：正德厚生、笃学敏行

学校信息

院校代码： 10319

建校时间： 1902 年

学校类别： 师范类

办学层次： “双一流”“211 工程”

学校地址： 江苏省南京市栖霞区仙林大学城文苑路 1 号

光辉岁月

1902 年：
三江师范学堂创建

1951 年：
与金陵女子文理学院合并，成立公立金陵大学

1952 年：
全国高等院校院系调整，组建南京师范学院

1984 年：
更名为南京师范大学

1996 年：
进入国家“211 工程”高校行列

2017 年：
入选国家首批“双一流”建设高校名单

文化长廊

潜心耕耘，名家辈出

南京师范大学是一所百年老校，名家大师辈出，文化底蕴深厚。李叔同、陶行知、徐悲鸿等诸多蜚声海内外的专家学者曾在此主政或执教。目前更有一大批国内外知名的专家学者在此潜心耕耘，著书立说，培育后学。经过一代又一代南师人的薪火相继、身教言传，学校生成了“严谨朴实”的学术品格，育就了“以人为本”的厚生传统，砥砺出“团结奋进”的拼搏意识，塑造了“追求卓越”的创新精神。学校以“正德厚生、笃学敏行”为校训，形成了“严谨、朴实、奋发、奉献”的优良校风。

名校风采

南师大的草地艺术节

南京师范大学在毕业季的时候曾举办过草地艺术节，是校园美育文化系列活动之一，在艺术氛围的熏陶下，能够让同学们感受艺术的灵动与魅力，让艺术之花香漫校园。草地艺术节活动丰富，有大学生艺术团——合唱团、舞蹈团、民乐团、戏剧团（光裕戏曲社）、朗诵团表演的综合节目，以及“艺起唱青春”线上校园K歌大赛获奖选手的精彩演出，表演者都是南京师范大学音乐学院以及其他学院的学生。

专业聚焦

第二轮“双一流”建设学科

地理学。

国家级一流本科专业建设点

会计学、哲学、行政管理、工商管理、金融学、人力资源管理、法学、思想政治教育、学前教育、小学教育、教育技术学、教育学、应用心理学、体育教育、社会体育指导与管理、汉语言文学、古典文献学、英语、俄语、新闻学等。

南京农业大学

Nanjing Agricultural University

校训：诚 朴 勤 仁

学校信息

院校代码：10307

建校时间：1902 年

学校类别：农业类

办学层次：“双一流”“211 工程”

学校地址：江苏省南京市玄武区卫岗 1 号

光辉岁月

1902 年：三江师范学堂农学博物科建立

1952 年：全国高校院系调整，多校系科合并成立南京农学院

1963 年：被确定为全国两所重点农业高校之一

1971 年：与苏北农学院合并，成立江苏农学院

1979 年：恢复南京农学院校名

1984 年：更名为南京农业大学

2000 年：由农业部整建制划转教育部管理

文化长廊

知名校友

李扬汉：植物学家、杂草学家、农业教育家。我国最早从事杂草及其防除研究与教学的工作者之一。李扬汉主持了《普通植物学》的中文翻译工作，该书被列为金陵大学（南京农业大学前身之一）农学院丛书，满足了当时国内高等院校教学的需要。数十年来，李扬汉为中国农业院校编写符合实际需要的植物学教科书付出了大量心血。

名校风采

沧海桑田，屹立今朝

南京农业大学坐落于钟灵毓秀、虎踞龙盘的古都南京，校园中有一座历史悠久的教学楼主楼，它建于1954年，最初是原华东航空学院的主楼，如今成为南京农业大学当之无愧的标志性建筑，由我国著名的建筑师杨廷宝设计而成，属新民族形式风格，入选中国20世纪建筑遗产名单。南京农业大学教学楼主楼打破了传统古典建筑一贯的对称结构，但又不失庄严厚重。作为历史的见证者，主楼已在无数南农学子心中留下了无法淡去的记忆。

专业聚焦

第二轮“双一流”建设学科

作物学、农业资源与环境。

一级学科国家重点学科

作物学、农业资源与环境、植物保护、兽医学。

二级学科国家重点学科

蔬菜学、农业经济管理、土地资源管理。

国家重点（培育）学科

食品科学。

南京航空航天大学

Nanjing University of Aeronautics and Astronautics

校训：智周万物，道济天下

学校信息

院校代码：10287

建校时间：1952 年

学校类别：理工类

办学层次：“双一流”“211 工程”

学校地址：江苏省南京市秦淮区御道街 29 号

光辉岁月

1952 年：
学校前身南京航空工业专科学校建立

1978 年：
被确定为全国重点大学

1996 年：
进入国家“211 工程”重点建设行列

2011 年：
入选国家“985 工程优势学科创新平台”高校

2017 年：
入选国家“双一流”建设高校名单

知名校友

张阿舟：1920年，张阿舟出生于江苏省丹阳市。1955年，张阿舟成功试制出新中国第一架飞机，随后被调入南京航空学院，即南京航空航天大学的前身，从此，张阿舟开始了自己半个多世纪的从教之路。20世纪50年代，以张阿舟、范绪箕等为代表的力学教研群体，创建了南京航空航天大学力学学科。张阿舟本人也培养出了一大批飞机结构强度和振动研究领域的科技骨干，其中包括中国科学院院士赵淳生、胡海岩，中国工程院院士向锦武等。

航空报国

南京航空航天大学现启用明故宫、将军路、天目湖3个校区，占地面积3046亩，建筑面积191.81万平方米。在70余年的办学历程中，南航人秉承“航空报国”的办学传统，遵循“团结、俭朴、唯实、创新”的优良校风，践行“智周万物，道济天下”的校训，栉风沐雨，砥砺奋进，不断推动学校跨越式发展。目前，学校已发展成为一所以工为主，理工结合，工、理、经、管、文等多学科协调发展，具有航空航天民航特色的高水平研究型大学。学校现设有20个学院和220个科研机构，建有航空航天结构力学及控制全国重点实验室、直升机动力学全国重点实验室等国家级科研平台10个，国防科技工业创新中心1个、省部共建协同创新中心1个、国家地方联合工程实验室1个、国家工科基础课程教学基地2个、国家基础学科拔尖学生培养基地1个、国家级实验教学示范中心4个。

第二轮“双一流”建设学科

力学、控制科学与工程、航空宇航科学与工程。

一级学科国家重点学科

航空宇航科学与技术、力学。

二级学科国家重点学科

飞行器设计、航空宇航推进理论与工程、航空宇航制造工程、人机与环境工程、一般力学与力学基础、固体力学、流体力学、工程力学、机械制造及其自动化。

国家重点（培育）学科

电力电子与电力传动、导航制导与控制。

江南大学

Jiangnan University

校训：笃学尚行，止于至善

学校信息

院校代码： 10295

建校时间： 1902 年

学校类别： 综合类

办学层次：“双一流”“211 工程”

学校地址： 江苏省无锡市滨湖区蠡湖大道 1800 号

光辉岁月

1902 年：
学校前身三江师范学堂创立

1995 年：
更名为无锡轻工大学

1997 年：
入选“211 工程”重点建设高校

2001 年：
无锡轻工大学、江南学院、无锡教育学院合并组建江南大学

2017 年：
入选首批国家“双一流”建设高校

2022 年：
入选第二轮“双一流”建设高校名单

文化长廊

江南大学拥有国家级综合改革试点专业4个，特色专业建设点15个，国家级一流本科专业建设点37个；教育部卓越工程师、卓越农林人才教育培养计划专业10个，教育部“新工科”“新农科”“新文科”研究与实践项目23项。学校建有国家级创新创业教育实践基地1个，国家级人才培养模式创新实验区5个，工程实践教育中心及实验教学示范中心8个；国家级精品课程28门，国家级一流本科课程33门，教育部课程思政示范课程2门，首届全国教材建设奖3部，全国教材先进个人1名，国家级精品/规划教材60部，教育部虚拟教研室建设点3个；国家级教学成果奖19项，其中一等奖2项。学校积极探索拔尖创新人才的培养路径，成立至善学院。18个本科专业通过工程教育、临床医学、师范类专业认证，食品科学与工程专业在亚洲率先通过美国食品科学技术学会（IFT）国际认证。

名校风采

江南大学建有国家大学生文化素质教育基地，校史馆、设计馆、民间服饰传习馆、美术馆暨钱绍武艺术馆、酒科技馆、人体科学馆、食品学科史馆等文化展馆，入选首批全国高校博物馆育人联盟。学校实施“艺术课堂”大学生文化素质拓展项目、“书香校园·人文江南”阅读计划，举办江南大学网络文化节、“江南之春”大学生文化艺术节、“创新江南”大学生科技创新与创意创业文化节等特色文化活动。

专业聚焦

第二轮“双一流”建设学科

轻工技术与工程、食品科学与工程。

一级学科国家重点学科

食品科学与工程。

二级学科国家重点学科

发酵工程，食品科学，粮食、油脂及植物蛋白工程，农产品加工及贮藏工程，水产品加工及贮藏工程。

扬州大学

Yangzhou University

校训：坚苦自立

学校信息

院校代码： 11117

建校时间： 1902 年

学校类别： 综合类

学校地址： 江苏省扬州市大学南路 88 号

光辉岁月

1902 年：
近代著名实业家、教育家张謇先生创办的通州师范学校和通海农学堂为学校前身

1952 年：
全国院系调整，其农科和代办的文史专修科西迁扬州，组建苏北农学院和苏北师范专科学校

1992 年：
扬州师范学院、江苏农学院、扬州工学院、扬州医学院、江苏水利工程专科学校、江苏商业专科学校合并组建扬州大学

文化长廊

知名校友

- **陈淑芳：**浙江象山人，现任宁波市农业科学研究所畜禽所副所长。先后荣获全国“十佳”兽医、全国五一劳动奖章、全国三八红旗手、全国文明家庭、全国“人民满意的公务员”、全国道德模范、全国先进工作者等一系列荣誉称号。
- **鲁曼：**江苏滨海人，现任第十三届全国人大代表。先后荣获省首批农村电商创业标兵、江苏青年五四奖章、全国农村创业创新优秀带头人等荣誉称号。2019年7月，入围第十一届“全国农村青年致富带头人”。

名校风采

扬州大学坐落在历史文化名城扬州。在这里，长江与运河交汇，既有古城韵味，又具现代气息。诗画扬州，宜居福地，先后获评联合国人居环境奖城市、国家园林城市、世界美食之都等荣誉称号。学校各校区遍布于扬州市区，城校相融，风景秀美，在历史文化名城求学，必将浸润更加深厚博雅的文化内涵。

目前，学校拥有国家级重点学科2个，国家重点（培育）学科1个，省优势学科10个，“十四五”省一级学科重点学科10个，农业科学学科进入ESI全球排名前1‰，化学、植物与动物科学、工程学、农业科学、临床医学、材料科学、计算机科学、生物学与生物化学、药理学与毒理学、环境生态学、微生物学、分子生物学与遗传学等12个学科进入ESI全球排名前1%。

学校还拥有国家级特色专业6个，江苏高校品牌专业建设工程一期项目6个、二期项目60个，首批国家级现代产业学院1个，国家级人才培养模式创新实验区2个，省级优秀研究生工作站38个，教育部卓越人才培养项目8个，28个专业通过工程教育、临床医学及师范类专业认证和评估。

校园占地面积6000多亩，教职员工6000多人，拥有直属附属医院、实习工厂、实验农牧场、动物医院等一批教学、科研、实习基地。

国家级特色专业

农学、动物医学、化学、数学与应用数学、水利水电工程、汉语言文学。

国家级一流本科专业建设点

秘书学、教育技术学、材料成型及控制工程、计算机科学与技术、建筑学、电气工程及其自动化、园艺、草业科学、护理学、历史学、翻译、物理学、社会体育指导与管理、车辆工程、软件工程、工程管理、能源与动力工程、水利水电工程、种子科学与工程、植物保护、生物科学、经济学、环境设计、汉语言文学、思想政治教育、法学、小学教育、英语、数学与应用数学、化学、体育教育、机械设计制造及其自动化、土木工程、农业水利工程、农学、动物科学、动物医学、生物技术、临床医学、工商管理、烹饪与营养教育。

中国矿业大学

China University of Mining and Technology

校训：崇德尚学

学校信息

院校代码： 10290

建校时间： 1909 年

学校类别： 综合类

办学层次：“双一流”“211 工程”

学校地址： 江苏省徐州市大学路 1 号

光辉岁月

1909 年：
焦作路矿学堂创办

1931 年：
更名为私立焦作工学院

1950 年：
更名为中国矿业学院

1953 年：
学校迁至北京，改称北京矿业学院，成为北京学院路著名的“八大学院”之一

1978 年：
学校搬迁至江苏徐州办学，恢复中国矿业学院校名

1988 年：
学校更名为中国矿业大学，邓小平同志亲笔为学校题写了校名

知名校友

陈清如：中国工程院院士，著名选矿工程专家，中国矿业大学教授、博士生导师。先后获得了全国五一劳动奖章、全国优秀教育工作者等荣誉，享受国务院政府特殊津贴，多次担任国际学术会议的执行主席，并被世界上著名的Baron名人录（Baron' s Who' s Who）列为1995—1996年度的名人。

钱鸣高：中国工程院院士，著名矿山压力专家，中国矿业大学教授、博士生导师。我国矿山压力及其控制学科的主要奠基者和开拓者之一，提出的采场上覆岩层的“砌体梁平衡假说”以及老顶破断规律及其在破断时在岩体中引起的扰动理论在国内外产生很大影响。

学校现坐落于素有“五省通衢”之称的国家历史文化名城——江苏省徐州市，有文昌和南湖两个校园，占地4200余亩，校舍建筑面积156万平方米，馆藏图书文献2000多万册（件）。学校现有全日制普通本科生23600余人，各类博士、硕士研究生13300余人，留学生680余人，教职工3450余人。

伴随着历史的风雨，历经时代的沧桑，中国矿业大学与中国工业化进程同步发展。110多年来，历经14次搬迁、12次易名，历经艰辛，颠沛流离，却依然薪火相传，弦歌不辍，形成了“自强不息、艰苦奋斗、追求卓越”的矿大精神。在旧中国，学校把“教育英才，备物质建设之先锋；从事研究，求吾国学术之独立”作为历史责任。中华人民共和国成立后，学校把“开发矿业、开采光明、建设祖国、造福人类”作为神圣使命。经过一代又一代矿大人的努力奋斗，铸就了中国煤炭高等教育的一流品牌和独特的精神文化品格，形成了“崇德尚学”的校训，“学而优则用、学而优则创”的办学理念，“好学力行、求是创新”的校风。

专业聚焦

第二轮“双一流”建设学科

矿业工程、安全科学与工程。

一级学科国家重点学科

矿业工程。

二级学科国家重点学科

采矿工程、安全技术及工程、矿物加工工程、矿产普查与勘探、岩土工程、工程力学、电力电子与电力传动、机械设计及理论。

国家重点（培育）学科

大地测量学与测量工程。

江苏省优势学科

机械工程、土木工程、测绘科学与技术、化学工程与技术、地质资源与地质工程、管理科学与工程、公共管理学。

江苏大学

Jiangsu University

校训：博学、求是、明德

学校信息

院校代码：10299

建校时间：1902 年

学校类别：综合类

学校地址：江苏省镇江市京口区象山街道学府路 301 号

光辉岁月

1902 年：
刘坤一、张之洞等在南京创办三江师范学堂

1960 年：
南京农业机械学院成立，翌年迁至镇江

1982 年：
更名为江苏工学院

1994 年：
更名为江苏理工大学

2001 年：
原江苏理工大学、镇江医学院、镇江师范专科学校合并组建江苏大学

文化长廊

工业皇冠上的明珠

2023年，江苏大学鲁金忠教授团队“一种用于多种叶片激光冲击的变形抑制夹具”斩获中国专利奖金奖。

航空发动机是飞机的“心脏”，被称为“工业皇冠上的明珠”，其中，叶片作为航空发动机的核心构件，其价值约占航空发动机的29%，在极端恶劣环境下，叶片承受交变载荷，极易产生疲劳失效和断裂。

该团队采用磁吸式和组合设计，实现多种叶片快速装夹、灵活切换等。使得强化的涡轮截面位置度、变形扭转角、表面粗糙度、疲劳寿命均达到或超过国际上最先进的LSPT公司的同类产品；对损伤涡轮叶片进行激光冲击绿色再制造，性能指标超过新的叶片，并节约生产成本75%至80%。

名校风采

江苏大学坐落在素有“天下第一江山”美誉的国家历史文化名城——江苏省镇江市。学科涵盖工学、农学、理学、医学、管理学、经济学、哲学、法学、文学、教育学、艺术学11大学科门类，设有34个教学机构、97个本科专业。专任教师2700余人，在校生40000余人。校园占地面积3000余亩，各类建筑面积120万余平方米。教学科研仪器设备总值13.8亿元。图书馆建筑面积5.1万平方米，藏书330万册，订阅各类数据库116个，自建特色数据库11个，建有教育部科技查新站、农业装备文献资源中心和国际赛珍珠文献资源中心。

学校拥有一所集医疗、教育、科研、预防为一体的三级甲等附属医院。设有江苏大学出版社和杂志社，出版图书近3000种，主办国际、国内学术期刊11种，其中《江苏大学学报》(自然版)、《江苏大学学报》(社科版)、《排灌机械工程学报》为全国中文核心期刊,《高校教育管理》为CSSCI来源期刊、全国中文核心期刊、人大复印报刊资料重要转载来源期刊。

国家重点学科

动力工程及工程热物理、农业工程。

国家重点（培育）学科

机械工程。

江苏高校优势学科

农业工程、机械工程、材料科学与工程、动力工程及工程热物理、控制科学与工程、计算机科学与技术、环境科学与工程、食品科学与工程、管理科学与工程、临床医学。

“十四五”江苏省重点学科

数学、交通运输工程、应用经济学、马克思主义理论、教育学、物理学、化学、中药学。

南京林业大学

Nanjing Forestry University

校训：诚朴雄伟、树木树人

学校信息

院校代码：10298

建校时间：1902 年

学校类别：农林类

办学层次：“双一流”

学校地址：江苏省南京市玄武区龙蟠路 159 号

光辉岁月

1902 年：
三江师范学堂农学博物科创建

1914 年：
金陵大学农科创建

1952 年：
以南京大学林学院、金陵大学林学院为主体，合并成立南京林学院

1972 年：
更名为南京林产工业学院

1983 年：
恢复南京林学院校名

1985 年：
更名为南京林业大学

松树癌症

松材线虫病被称为“松树癌症”，是一种发生在松科植物上的毁灭性森林病害，具有传播快、不易发现、治理难度大、死亡率高等特点，入侵我国40年以来，对我国的松林造成了严重破坏。

为了攻克“松树癌症”，南京林业大学“线虫克星”团队结合统计模型和机理模型，采集大量松树样本，建立了首个病害波谱数据库。在松树易发病期，团队成员利用搭载高光谱相机的无人机在松林上空监测获取数据，与团队建立的数据库一比对，随即就能确诊是否感染松材线虫病。

宫商角徵羽，奏响南林乐

“宫者，中也，居中央畅四方，唱始施生为四声之径。”宫音高大响亮，长远以闻，正如南林学子踏实、沉稳的求学态度，正直、诚恳的为人准则。

“商者，章也，物成事明也。”商音嘹亮高畅，激越而和。各类激情的演讲比赛、许多妙趣横生的智趣游戏、不定期的操场路演、多彩的校园如商音的跃动，为南林校园添上一抹亮色。

“角者，触也，生机萌动，万物触地而生也。”角音和而不戾，润而不枯，一如南林校园里的生机和活力。

“徵者，祉也，万物大盛蕃祉也。”徵音如烈火声，热闹、振奋如青春一般，唢呐与弦乐合鸣的徵音，高亢于赛场，激昂于教室，振奋人心。

“羽者，宇也，物藏聚萃宇复之也。”羽音圆满急畅，条达畅意，如细流一般柔和婉转。慢慢沁入人心。似师长对学生的细心教导，点点滴滴、细致入微。

专业聚焦

第二轮“双一流”建设学科

林业工程。

一级学科国家重点学科

林业工程、生态学。

二级学科国家重点学科

林木遗传育种、林产化学加工工程、木材科学与技术、森林保护学。

江苏省一级学科国家重点学科培育点

林学。

国家林业和草原局重点学科

林业工程、林学、生态学、生物学、风景园林学、农林经济管理、机械工程、轻工技术与工程、设计学。

南京工业大学

Nanjing Tech University

校训：明德、厚学、沉毅、笃行

学校信息

院校代码： 10291

建校时间： 1902 年

学校类别： 理工类

学校地址： 江苏省南京市江北新区浦珠南路 30 号

光辉岁月

1902 年：
三江师范学堂创建，之后发展为南京化工大学

1915 年：
同济医工学堂机师科创建，后发展为南京建筑工程学院

2001 年：
南京化工大学与南京建筑工程学院合并为南京工业大学

文化长廊

知名校友

- **信运昌**：教授，博士生导师。2019、2020年爱思唯尔中国高被引学者，获得国际镁合金协会科学技术大奖“Person of the Year”，入选国家高层次人才计划青年项目。
- **唐明述**：中国工程院院士，教授，博士生导师。课题组研究内容有碱集料反应、钢渣微观结构、延迟性膨胀混凝土及用水泥固化核废渣等。研究成果先后获全国科学大会奖、国家自然科学奖二等奖、国家科技进步奖二等奖，省科技进步奖二等奖及国家教委科技进步奖一等奖及其他省部级奖。

名校风采

南京工业大学设有11个学部，28个学院，各类学生4万余人，教职工3300余人。跨工、理、管、经、文、法、医、艺、教9个学科门类。在教育部学位与研究生教育发展中心全国第四轮学科评估中，化学工程与技术学科获得A等级，材料科学与工程、安全科学与工程学科获得B+等级。截至2024年3月，学校ESI综合排名进入全球500强；化学、材料科学、工程学、生物学与生物化学、环境科学与生态学、物理学、农业科学等7个学科进入ESI全球前1%，其中化学、材料科学、工程学3个学科进入ESI全球前1‰。泰晤士高等教育2024年世界大学排名位列内地高校并列第38位；自然指数排名位列内地高校第43位；软科2023年世界大学学术排名进入世界300强。

国家级一流本科专业建设点

安全工程、环境工程、高分子材料与工程、无机非金属材料工程、金属材料工程、材料科学与工程、化学工程与工艺、化学、自动化、电气工程及其自动化、测控技术与仪器、建筑电气与智能化、机械工程、过程装备与控制工程、能源与动力工程、建筑学、城乡规划、环境设计、工程管理、日语、生物工程、制药工程、食品科学与工程、计算机科学与技术、电子信息工程、测绘工程、建筑环境与能源应用工程、给排水科学与工程、交通工程、城市地下空间工程、土木工程。

省级一流本科专业建设点

产品设计、车辆工程、地理信息科学、风景园林、光电信息科学与工程、汉语国际教育、轻化工程、市场营销、数学与应用数学、通信工程、消防工程、新能源材料与器件、新能源科学与工程、药物制剂、药学、应用化学。

中国药科大学

China Pharmaceutical University

校训：精业济群

学校信息

院校代码：10316

建校时间：1936 年

学校类别：医药类

办学层次："双一流""211 工程"

学校地址：江苏省南京市鼓楼区中央路童家巷 24 号

光辉岁月

1936 年：国立药学专科学校创建

1952 年：华东药学院成立

1956 年：更名为南京药学院

1986 年：更名为中国药科大学

知名校友

- **叶桔泉**：浙江吴兴人，中国科学院院士，中国药科大学一级教授，杰出的中医药学大师。曾任南京药学院教授、副院长。
- **来茂德**：浙江萧山人，病理学专家，德国科学院院士，曾任中国药科大学校长、党委副书记。

学校成就

学校的中药学学科入选国家“双一流”建设学科。在全国第四轮学科评估中，药学学科获评A+。在第五轮学科评估和全国专业学位水平评估中，龙头学科药学和中药学继续保持优势，均取得优异成绩。截至2024年5月，药理学与毒理学、化学、临床医学、生物与生物化学、材料科学、农业科学、神经科学与行为、分子生物与遗传学、环境/生态学、免疫学等10个学科领域的ESI排名进入全球前1%，其中药理学与毒理学排名全球前1‰，位列全球第16位、亚洲高校第1位。在2023 US News 世界大学排行榜中，药理学与毒理学学科位列全球第7位。在世界大学排名中心（CWUR）学科排行中，学校药物化学学科位列全球第3位。在2023软科中国最好学科排名中，学校药学、中药学学科分别排名国内第1位、第2位，均进入“中国顶尖学科”。

名校风采

中国药科大学坐落于古都南京，始建于1936年，是我国历史上第一所由国家创办的药学高等学府。学校现有玄武门、江宁2个校区，占地2100余亩；全日制在校生19730人，在职教职工1839人。

学校荟萃了医药领域众多知名专家，走出了10位院士和一大批药学领域著名专家学者。现有中国工程院院士1人、德国科学院院士1人，国家级高层次人才16人次，国家级高层次青年人才60人次。2000年以来，已4次获得我国教育领域政府类最高奖励——国家级教学成果奖（四年一届）一等奖。毕业生就业率长期位居教育部直属高校及江苏省高校前列。

学校致力于建设以“药学+X”为牵引、“新药科”和“大药学”为特征，医药、农药、兽药融合发展，面向世界一流的“现代药学学科体系2.0”。

专业聚焦

ESI亚洲高校第1

药理学与毒理学。

国家级一流专业建设点

药学、中药学、生物制药、制药工程、临床药学、药物制剂、药物化学、药事管理、中药资源与开发、药物分析、生物技术。

省级一流本科专业建设点

海洋药学、环境科学、食品质量与安全、英语、信息管理与信息系统、工商管理。

ESI世界前1%学科

药理学与毒理学、化学、临床医学、生物与生物化学、材料科学、农业科学、神经科学与行为、分子生物与遗传学、环境/生态学、免疫学。

目录

CONTENTS

黑龙江 / 吉林 / 辽宁

天津 / 山东

河北 / 河南

山西 陕西 甘肃

四川 重庆 湖南

江西 安徽

广东 福建

云南 贵州

黑龙江/吉林/辽宁

黑龙江/

哈尔滨工业大学

哈尔滨工程大学

吉林/

吉林大学

东北师范大学

辽宁/

大连理工大学

东北大学

辽宁大学

东北财经大学

哈尔滨工业大学

Harbin Institute of Technology

校训：规格严格，功夫到家

学校信息

院校代码： 10213

建校时间： 1920 年

学校类别： 理工类

办学层次： “双一流”“211 工程”“985 工程”

学校地址： 黑龙江省哈尔滨市南岗区西大直街 92 号

光辉岁月

1920 年：
前身为哈尔滨中俄工业学校

1928 年：
定名为哈尔滨工业大学校

1938 年：
改名为哈尔滨工业大学

1954 年：
成为国家首批重点建设的 6 所大学之一

1996 年：
入选国家“211 工程”首批建设高校

1999 年：
入选成为国家首批“985 工程”重点建设的 9 所大学之一

与国家重大战略同频共振

学校坚持与国家重大战略同频共振，形成了“立足航天、服务国防、长于工程”的优势特色，创立了中国高校第一个航天学院，发射了中国第一颗由高校牵头自主研制的小卫星，在中国首次实现了星地激光链路通信，诞生了中国第一台会下棋能说话的计算机、第一部新体制雷达、第一台弧焊机器人和点焊机器人、第一颗由高校学子自主设计研制管控的纳卫星。

第三批中国20世纪建筑遗产项目——哈尔滨工业大学建筑群

“第三批中国20世纪建筑遗产项目”入选名录公布了100个建筑，其中黑龙江省的哈尔滨工业大学建筑群入选名录。哈尔滨工业大学建筑群包括了哈工大博物馆和哈工大原学生宿舍。哈工大博物馆馆舍建于1906年，原为俄国驻哈尔滨总领事馆，属于欧洲新艺术运动风格，馆内珍藏了包括神舟飞船宇航员出舱服、2008年北京奥运会火炬、长征系列火箭模型在内的4000余件展品。

一级学科国家重点学科

力学、机械工程、仪器科学与技术、材料科学与工程、动力工程及工程热物理、控制科学与工程、计算机科学与技术、土木工程、管理科学与工程。

二级学科国家重点学科

光学、电机与电器、物理电子学、通信与信息系统、飞行器设计、环境工程。

哈尔滨工程大学

Harbin Engineering University

校训：大工至善，大学至真

学校信息

院校代码： 10217

建校时间： 1953 年

学校类别： 理工类

办学层次： “双一流”“211 工程”

学校地址： 黑龙江省哈尔滨市南岗区南通大街 145 号

光辉岁月

1953 年：
学校前身中国人民解放军军事工程学院建立

1970 年：
组建哈尔滨船舶工程学院

1994 年：
更名为哈尔滨工程大学

1996 年：
成为国家“211 工程”的首批建设高校之一

2019 年：
成为工业和信息化部、教育部、黑龙江省人民政府、哈尔滨市人民政府共建高校

科研工作一直是哈尔滨工程大学发展的先行力量，学校不仅以国内第一套条带测深仪等数十项填补国内空白的重大科研成果著称，而且还曾以双工型潜器、气垫船、梯度声速仪等成果摘取世界第一的桂冠。哈尔滨工程大学在船海核领域拥有很强的技术储备，水下机器人、船舶减摇、船舶动力、组合导航、水声定位、水下探测、高性能船舶设计等技术居国内领先或国际先进地位，已成为我国船舶科学技术基础和应用研究的主力军之一，是我国发展海洋高技术的重要依托力量。

哈军工纪念馆

哈军工纪念馆是哈尔滨工程大学在哈军工原址、依托哈军工原有建筑建设的。纪念馆以哈军工历史为基础，以重点人物、重大事件、重要成果为线索，以弘扬哈军工文化为主题，以历史陈列和主题展览为主要形式，展示哈军工筹建、发展、分建、改建的历史，揭示哈军工作为我国第一所综合性高等军事科学技术学府为我国国防科技事业做出的贡献、对我国高等军事技术教育格局产生的深远影响。

第二轮“双一流”建设学科

船舶与海洋工程。

国家级一流本科专业建设点

船舶与海洋工程、能源与动力工程、轮机工程、自动化、水声工程、计算机科学与技术、机械设计制造及其自动化、电子信息工程、工商管理、核工程与核技术、光电信息科学与工程等。

吉林大学

Jilin University

校训：求实创新、励志图强

学校信息

院校代码： 10183

建校时间： 1946 年

学校类别： 综合类

办学层次： “双一流”“211 工程”“985 工程”

学校地址： 吉林省长春市朝阳区前进大街 2699 号

光辉岁月

1946 年： 学校前身东北行政学院建立

1952 年： 经历院系调整，成为新中国成立后中国共产党亲手创建的第一所综合性大学

1958 年： 更名为吉林大学

1960 年： 被列为全国重点综合性大学

2000 年： 原吉林大学、吉林工业大学、白求恩医科大学、长春科技大学、长春邮电学院合并组建新的吉林大学

知名校友

- **于吉红**：国家自然科学基金委员会副主任，吉林大学未来科学国际合作联合实验室主任，吉林大学化学学院教授，中国科学院院士，发展中国家科学院院士，欧洲科学院外籍院士，香港高等研究院资深院士，瑞典皇家科学院外籍院士。

风景如画的校园

走进吉林大学，首先映入眼帘的是郁郁葱葱的草坪，点缀着五颜六色的花朵。挺拔的梧桐树、繁茂的柳树和翠绿的松柏相互交错，形成了天然的绿色屏障。微风拂过，树叶随风摇曳，仿佛在向每一位经过的学子招手问好。沿着校园小径漫步，你会发现这里的建筑风格古朴典雅，充满了浓厚的文化氛围。教学楼、实验楼、图书馆等建筑错落有致地分布在校内，既有传统的飞檐翘角，又融入了现代元素。每当清晨的阳光洒向大地，整个校园就充满了无限的生机与活力。

专业聚焦

第二轮“双一流”建设学科

考古学、数学、物理学、化学、生物学、材料科学与工程。

一级学科国家重点学科

数学、化学、机械工程、地质资源与地质工程。

二级学科国家重点学科

马克思主义哲学、数量经济学、法学理论、刑法学、政治学理论、考古学及博物馆学、原子与分子物理、凝聚态物理、生物化学与分子生物学、材料加工工程、微电子学与固体电子学、计算机软件与理论、农业机械化工程、预防兽医学、神经病学。

国家重点（培育）学科

材料学、交通信息工程及控制、基础兽医学、技术经济及管理。

东北师范大学

Northeast Normal University

校训：勤奋创新、为人师表

学校信息

院校代码： 10200

建校时间： 1946 年

学校类别： 师范类

办学层次： “双一流”“211 工程”

学校地址： 吉林省长春市人民大街 5268 号

光辉岁月

1946 年：
学校始建于辽宁本溪，最初被称为东北大学

1948：
南迁吉林，与吉林大学合并，定名为东北大学

1949 年：
学校迁至长春

1950 年：
易名为东北师范大学

1996 年：
成为国家“211 工程”首批重点建设的大学

2017 年：
入选国家“双一流”建设高校

文化长廊

知名校友

- **成仿吾**：湖南新化县人，新文化运动的重要代表。早年留学日本，五四运动后，同郭沫若等从事反帝反封建的革命文化活动，建立了著名革命文学团体“创造社”。
- **萧军**：原名刘鸿霖，笔名萧军、酡颜三郎、田军、三郎等，辽宁省义县人。“东北作家群”领军人物。1946年9月任东北大学（东北师范大学前身）鲁迅艺术学院院长。作品有《跋涉》《八月的乡村》《五月的矿山》《吴越春秋史话》和剧本《幸福之家》等。

学校成就

近年来，东北师范大学在基础研究和应用研究领域取得丰硕成果，在科技奖励方面成绩显著。“大维随机矩阵理论及其应用”“功能导向的多酸设计与合成”“低维氧化锌材料的载流子调控与功能化研究”和“低维氧化物半导体同质/异质界面构建与应用基础研究”4项成果，分别于2012年、2014年、2015年、2019年获得国家自然科学奖二等奖。

学校现有人民大街校区和净月大街校区。截至2024年5月，学校拥有全日制本科生15000余人；在校硕士研究生15000余人、博士生3000余人；在校留学生700余人。教职员工3000余人。学校设有21个学院（部），学科专业体系覆盖12个学科门类，其中本科专业82个，人选国家级一流本科专业建设点46个。

先后与美国、加拿大、英国、澳大利亚、韩国、日本、俄罗斯等30多个国家和地区的275所大学和科研机构建立了合作交流关系。学校在长期的办学实践中，始终以推动国家、民族、社会进步为使命，以引领教育事业发展、培育科教英才为根本任务，逐步形成了“为基础教育服务”的鲜明办学特色，为国家培养输送了一大批优秀教师和教育家以及其他各级各类专门人才，被誉为“人民教师的摇篮”。面向未来，学校把建设“世界一流师范大学”作为奋斗目标。

专业聚焦

第二轮“双一流”建设学科

马克思主义理论、教育学、世界史、化学、统计学、材料科学与工程。

国家重点学科

思想政治教育、教育学原理、世界史、细胞生物学、生态学。

吉林省“十三五”特色高水平学科

教育学。

吉林省“十二五”优势特色重点学科

教育学、公共管理。

吉林省“十一五”及之前省级重点学科

教育学原理、课程与教学论。

大连理工大学

Dalian University of Technology

校训：团结、进取、求实、创新

学校信息

院校代码：10141

建校时间：1949 年

学校类别：理工类

办学层次：“双一流”“211 工程”“985 工程”

学校地址：辽宁省大连市甘井子区凌工路 2 号

光辉岁月

1949 年：
学校前身大连大学工学院建立

1960 年：
被确定为教育部直属全国重点大学

1988 年：
更名为大连理工大学

1996 年：
启动实施“211 工程”建设

2001 年：
启动实施“985 工程”建设

2017 年：
入选世界一流大学 A 类建设高校名单

2022 年：
入选国家第二轮“双一流”建设高校名单

自强不息

大连理工大学是中国共产党在新中国成立前夕，面向新中国工业体系建设亲手创办的第一所新型正规大学。大连理工大学是教育部直属全国重点大学，是国家“211工程”和“985工程”重点建设高校，也是世界一流大学A类建设高校。学校以培养精英人才、促进科技进步、传承优秀文化、引领社会风尚为宗旨，秉承“海纳百川、自强不息、厚德笃学、知行合一”为基本特质的大工精神，致力于创造、发现、传授、保存和应用知识，勇于担当社会责任，服务国家，造福人类。

伯川图书馆与令希图书馆

伯川图书馆以著名教育家、大连理工大学主要创始人之一屈伯川博士名字命名，主要收藏人文社科、理科类的书籍。伯川图书馆修缮后，设置了研究间、自由阅读区和开放休闲区，学习环境静谧、舒适。令希图书馆是2009年建成的新图书馆，坐落在学校主校区，以著名力学家、教育家钱令希院士的名字命名，是一座信息自动化程度高、管理先进的现代化大学图书馆，是继伯川图书馆后，学校又一标志性建筑。令希图书馆里有着宽敞明亮的环境、充满现代气息的家具设施、先进的自动化设备和丰富的藏书，令其成为思想、学术、艺术、文化融合的场所，也是读书学习的好地方。

食在大工

在大连理工大学里，无论你来自哪里，都能在舌尖上享受到家的味道。学校有10多个学生食堂，菜品汇聚了全国各地风味，能够满足不同地区、不同民族学生的饮食习惯。逢年过节，大连理工大学还会贴心地为在校师生准备节日限定的美食，如除夕的免费午餐、清明节的青团、端午节的粽子……满满的仪式感让学子在学校也能感受到节日的氛围与大连理工大学的爱。

第二轮“双一流”建设学科

力学、机械工程、化学工程与技术。

一级学科国家重点学科

力学、水利工程、化学工程与技术 、管理科学与工程。

二级学科国家重点学科

船舶与海洋结构物设计制造、环境工程、计算数学、等离子体物理、机械制造及其自动化、管理科学与工程、结构工程。

东北大学

Northeastern University

校训：自强不息、知行合一

学校信息

院校代码： 10145

建校时间： 1923 年

学校类别： 理工类

办学层次： “双一流”“211 工程”“985 工程”

学校地址： 辽宁省沈阳市和平区文化路三号巷 11 号

光辉岁月

1923 年： 东北大学创办

1960 年： 被中央确定为全国重点大学

1996 年： 进入国家首批“211 工程”重点建设大学行列

1998 年： 划转为教育部直属高校

1999 年： 入选“985 工程”建设高校

2022 年： 入选第二轮“双一流”建设高校及建设学科名单

文化长廊

知名校长

▸ **张学良**：1928年8月至1937年1月兼任东北大学校长，1993年3月至2001年10月，任东北大学名誉校长、校董会名誉主席。张学良兼任东北大学校长时，明确提出了“研究高深学问，培养专门人才，应社会之需要，谋文化之发展”的办学宗旨，践行“兼收并蓄”、开放式的办学理念。

知名校友

▸ **林徽因**：1927年毕业于美国宾夕法尼亚大学美术学院美术系，获学士学位。1928年就读于美国耶鲁大学戏剧学院舞台美术系。1928年9月至1931年9月在东北大学建筑系任教授。林徽因是我国第一位女建筑师，在中华人民共和国国徽设计、人民英雄纪念碑设计等方面做出了贡献，正是她设计了东北大学校徽。与此同时，她也是一名作家，著有《林徽因诗集》《林徽因文集》，有众多脍炙人口的作品，如《你是人间四月天》《莲灯》。

专业聚焦

第二轮“双一流”建设学科

冶金工程、控制科学与工程。

一级学科国家重点学科

材料科学与工程、冶金工程、控制科学与工程。

二级学科国家重点学科

科学技术哲学、机械设计及理论、计算机应用技术、采矿工程。

国家重点（培育）学科

矿物加工工程。

辽宁大学

Liaoning University

校训：明德精学、笃行致强

学校信息

院校代码：10140

建校时间：1948 年

学校类别：综合类

办学层次：“双一流”“211 工程 ”

学校地址：辽宁省沈阳市皇姑区崇山中路 66 号

光辉岁月

1948 年：
东北人民政府在沈阳建立商业专门学校

1953 年：
东北商业专科学校并入东北财经学院

1958 年：
东北财经学院、沈阳师范学院的部分科系与沈阳俄文专科学校合并，组建成辽宁大学

知名校友

- **张镜玄：**原名张恩明，1889年出生于奉天府（今沈阳市）。1958年，他成为辽宁大学哲学系教授，教授中国哲学史。一生投身在教育和学问上。
- **王健林：**四川广元人，毕业于辽宁大学，万达集团创始人。

学校成就

学校“经济学拔尖学生培养基地”入选国家基础学科拔尖学生培养计划2.0基地，马克思主义学院入选全国重点马克思主义学院。有4个教育部国别和区域研究中心、1个民政部政策理论研究基地、1个国家民族事务委员会“一带一路”国别和区域研究中心、2个CTTI来源智库。有1个国家级实验教学示范中心、5个省级人文社会科学重点研究基地、8个省级其他研究基地、25个省级智库、19个省级重点实验室、3个省级协同创新中心、2个省级工程技术研究中心、3个省级工程实验室、3个省级工程研究中心、2个省级研究中心、1个省级研究院、10个省级实验教学示范中心、2个省级虚拟仿真实验教学中心、2个国家级虚拟仿真实验教学项目、19个省级虚拟仿真实验教学项目、14个省级大学生校外实践教育基地、1个辽宁省大学生创新创业实践教育基地、1个辽宁省大学生创业项目选育基地、1个辽宁省大学生创业项目孵化示范基地、25个省级研究生联合培养示范基地、2个省级研究生创新与学术交流中心。

天辽地大，不负芳华

辽宁大学是一所具备文、史、哲、经、管、法、理、工、医、艺等学科门类的综合性大学，现有沈阳崇山、沈阳蒲河和辽阳武圣3个校区，占地面积2222亩。

截至2023年11月，学校设有31个学院，71个研究院，本科专业79个，拥有各类在校学生35234人，教职工2628人。有世界经济、国民经济学和金融学3个国家重点学科，应用经济学入选世界一流学科建设名单，应用经济学、理论经济学、法学、工商管理、马克思主义理论、统计学6个一级学科人选辽宁省一流学科建设A类行列。

学校和美国、日本、俄罗斯、韩国、意大利、英国、法国、比利时、朝鲜、蒙古、越南、巴基斯坦等35个国家的156所高校和研究机构建立了长期稳定的合作关系，培养长期留学生18000余人，分别与俄罗斯伊尔库茨克国立大学、立陶宛维尔纽斯大学、塞内加尔达喀尔大学共建孔子学院。

国家级一流本科专业建设点

汉语言文学、英语、新闻学、历史学、哲学、法学、国际政治、经济学、国民经济管理、金融学、财政学、国际经济与贸易、工商管理、市场营销、人力资源管理、行政管理、应用化学、生物技术、环境工程、计算机科学与技术、播音与主持艺术。

省级一流专业建设点

广告学、考古学、经济统计学、劳动与社会保障、会计学、档案学、化学、物理学、测控技术与仪器、制药工程、环境生态工程、电子信息科学与技术、戏剧影视文学、表演、艺术设计学、广播电视编导。

国家特色专业

经济学、哲学、财政学、国民经济管理、法学。

东北财经大学

Dongbei University of Finance and Economics

校训：博学济世

学校信息

院校代码： 10173

建校时间： 1952 年

学校类别： 财经类

学校地址： 辽宁省大连市沙河口区尖山街 217 号

光辉岁月

1952 年：
原名为东北财经学院

1958 年：
东北财经学院与沈阳师范学院、沈阳俄文专科学校合并，组建辽宁大学

1959 年：
部分院系与辽宁商学院合并，在大连成立辽宁财经学院

1985 年：
更名为东北财经大学

学校成就

学校“经济学拔尖学生培养基地”入选国家基础学科拔尖学生培养计划2.0基地。截至2024年4月，学校获国家级教学成果奖6项，国家级一流课程、精品课程、示范课程等40余门次，国家级规划教材75部；省级教学成果奖117项，省级一流课程、精品课程、示范课程等305门次，省级规划教材83部，精品教材15部。学校有国家级教学名师4人、国家级教学团队8个、国家级实验教学示范中心2个；省级教学名师66人，省级“黄大年式教师团队”3个，省级教学团队24个，省级实验教学示范中心6个。学校坚持正确办学方向，坚持人才培养中心地位，坚持用党的创新理论培根铸魂，坚持以学生为中心推进教学改革创新，人才培养质量不断提升，充分展现出在卓越财经人才培养上的鲜明特色和突出优势。

林木环绕，花香扑鼻

东北财经大学总占地面积65万平方米，是“辽宁最美校园”“辽宁省文明校园”。学校是全国财经一流学科建设联盟创始成员，“五财一贸”的全国重点财经大学，被誉为培养“中国银行家的摇篮”。

学校有全日制在校生近1.7万人，教职工1659人，学科实力稳居全国财经高校前列。财政学、产业经济学、会计学是国家重点学科、国家特色重点学科，数量经济学为国家重点（培育）学科。应用经济学、工商管理学、统计学3个一级学科建设水平居国内领先地位，应用经济学、工商管理学、统计学、管理科学与工程、理论经济学、公共管理学6个一级学科入选辽宁省高等学校一流学科A类。

专业聚焦

国家级特色专业

会计学、金融学、工商管理、财政学、统计学、税务、保险学、工程管理、旅游管理。

省级示范专业

经济学、统计学、财政学、金融学、国际经济与贸易、工程管理示范专业、工商管理、旅游管理。

国家重点学科

财政学、产业经济学、会计学。

国家重点（培育）学科

数量经济学。

省级重点学科

理论经济学、应用经济学、管理科学与工程、工商管理、公共管理。

天津／山东

天津／

南开大学

天津大学

天津工业大学

山东／

山东大学

中国海洋大学

中国石油大学（华东）

齐鲁工业大学（山东省科学院）

南开大学
Nankai University

校训：允公允能，日新月异

学校信息

院校代码：10055

建校时间：1919 年

学校类别：综合类

办学层次：“双一流”“211 工程”“985 工程”

学校地址：天津市南开区卫津路 94 号

光辉岁月

1919 年：
南开大学创建

1937 年：
学校南迁，与北京大学、清华大学组建国立长沙临时大学

1938 年：
迁至昆明，改名为国立西南联合大学

1946 年：
回津复校，改为国立南开大学

1995 年：
进入国家首批“211 工程”重点建设高校行列

2000 年：
进入国家首批“985 工程”重点建设高校行列

2017 年：
入选全国一流大学建设名单 A 类建设高校

2022 年：
入选第二轮“双一流”建设高校及建设学科名单

筚路蓝缕，成就“南开印象”

自1919年创办至今，南开大学已经走过了百余年不平凡的历程。以“文以治国、理以强国、商以富国”为理念，以“知中国、服务中国”为宗旨；从日寇毁校到被迫南迁在西南边陲尽显刚毅坚卓；从北返复校、艰难重建到迎来新中国诞生建设新南开；从社会主义革命到社会主义建设大潮中探索培育英才；从改革开放新时期科教兴国到中国特色社会主义新时代创建“双一流”高校，南开大学的发展始终与国家、民族命运紧相连，与时代、社会的发展偕行，筚路蓝缕，越难越开，培养了大批怀抱旷远的才隽英杰，为中华民族伟大复兴做出了重要贡献，成就了不同凡响的“南开印象”。

重走巡边路，体悟戍边情

南开大学“师生四同”社会实践队曾到过祖国西北边陲阿勒泰地区的被誉为“中哈边境第一村”的萨尔乌楞村。在那里，全体村民世世代代共同守护着祖国16公里的神圣边境线，形成了“支部是哨所、户户是哨所、人人是哨兵”的守边戍边格局，为祖国的繁荣稳定贡献力量。实践队通过参观走访党群活动中心、石榴籽服务站、村史馆、爱国戍边主题教室以及护边员家庭等点位，以护边历史、戍边精神、乡村振兴等为考察重点，感受萨尔乌楞村爱党爱国的光荣传统，感悟戍边红城的深厚爱国魂，把“知中国，服务中国”的南开实践传统书写在了祖国大地上。

第二轮“双一流”建设学科

应用经济学、世界史、数学、化学、统计学、材料科学与工程。

一级学科国家重点学科

数学、化学、理论经济学、光学工程、历史学、应用经济学。

二级学科国家重点学科

光学、动物学、微生物学 、农药学、马克思主义哲学、政治学理论、企业管理、环境科学、中国古代文学。

国家重点（培育）学科

语言学及应用语言学、植物学。

天津大学

Tianjin University

校训：实事求是

学校信息

院校代码：10056

建校时间：1895 年

学校类别：综合类

办学层次：“双一流”“211 工程”“985 工程”

学校地址：天津市南开区卫津路 92 号

光辉岁月

1895 年：
天津北洋大学堂成立

1900 年：
颁发中国第一张大学文凭，随即北洋大学堂被迫停办

1951 年：
与河北工学院合并，定名为天津大学

1997 年：
入选国家“211 工程”重点建设院校

2000 年：
入选国家“985 工程”重点建设高校

2017 年：
入选国家“双一流”建设高校

文化长廊

一弯新月照东西——徐志摩与天津大学的故事

1916年秋，徐志摩被天津北洋大学法科录取。那年，他沿着京杭大运河北上，随着船后泛起的浪花，他感到自己将江南的春色牵到了北方。同样是水波涟漪，同样是垂柳成行，徐志摩如同热爱自己家乡一样，爱上了天津。傍晚，结束一天紧张的学习后，他喜欢在校门外的北运河桥上散步，看着那清澈的河水和那水底摇曳的水草在月光的照映下荡漾。徐志摩是新月诗派最有代表性的诗人，新月诗派强调诗人不在感情强烈时作诗，而在“感触已过，历时数日，甚至在数月之后”，将记忆的“最根本最主要的情绪的轮廓”用想象来表现。徐志摩在英伦的“康桥觉醒”，源头正是那遥远的天津北洋大学。

名校风采

花堤蔼蔼

《北洋大学校歌》中写道：“花堤蔼蔼，北运滔滔，巍巍学府北洋高。”如今的桃花堤已从学校的后身移到了前门，但是“桃花依旧笑春风”，桃花仍然开得那么繁盛、那么灿烂。近百年来，桃花堤一直是津门盛景之一。每年初春，花堤之上桃花盛开，翠柳迎风，鸟语花香，踏青赏花的游人摩肩接踵。初春的桃花堤是人的河流、花的河流。

北洋园的“学生小镇”

天津大学在北洋园新校区（位于天津市津南区）的规划建设中，以学生成长为中心，营造了舒适宜人的“学生小镇”。其设计匠心独运，不仅科学合理，更是美不胜收。在建筑间及图书馆的中心庭院内，有大小不同的广场和绿地，布以形态各异的木椅、石凳、树阵，供学生休息，放松心情。

第二轮“双一流”建设学科

化学、材料科学与工程、动力工程及工程热物理、化学工程与技术、管理科学与工程。

一级学科国家重点学科

化学工程与技术、光学工程、仪器科学与技术、材料科学与工程、建筑学、水利工程、管理科学与工程。

二级学科国家重点学科

流体力学、机械设计及理论、动力机械及工程、电力系统及其自动化、微电子学与固体电子学、通信与信息系统、检测技术与自动化装置、结构工程。

国家重点（培育）学科

一般力学与力学基础、技术经济及管理。

天津工业大学

Tiangong University

校训：严谨、严格、求实、求是

学校信息

院校代码：10058

建校时间：1912 年

学校类别：综合类

办学层次：“双一流”

学校地址：天津市西青区宾水西道 399 号

光辉岁月

1912 年：
学校改组为北京工业专门学校，设立机织科

1929 年：
更名为北平大学工学院机织系

1946 年：
更名为国立北洋大学纺织系

1951 年：
北洋大学和河北工学院合并，成立天津大学，两校的纺织系合并成天津大学纺织系

1958 年：
组建河北纺织工学院

2000 年：
天津纺织工学院与天津经济管理干部学院合并组建天津工业大学

学校成就

学校拥有天津市属高校中第一个国家重点实验室——分离膜与膜过程省部共建国家重点实验室，建有国家级国际联合研究中心1个、国家地方联合工程研究中心2个，教育部重点实验室2个、教育部工程研究中心2个、教育部省部共建协同创新中心1个，天津市重点实验室8个、天津市工程中心4个、天津市国际联合研究中心6个、天津市“一带一路”联合研究中心2个、天津市人文社会科学重点研究基地1个，建有天津市中国特色社会主义理论体系研究中心、天津市膜分离技术协同创新中心、天津市科技成果转化中心、天津市工业设计中心。

以工为主、多学科统筹发展

天津工业大学占地面积150余万平方米，中西合璧的建筑风格各有特色。截至2023年12月，学校在校本科生近19000人，教职工2200余名，是工、理、文、管、经、法、艺、医协调发展的多科性综合大学，下设5个学部、25个学院、1个书院、2家附属医院。

学校现有68个本科专业，其中包括25个国家级一流专业建设点、6个国家级特色专业、6个市级一流专业建设点、15个天津市品牌专业、6个天津市战略性新兴产业相关专业、8个天津市优势特色专业、12个应用型专业，8个专业通过工程教育专业认证。学校拥有1个国家重点学科、12个天津市重点学科，1个学科入选国家“双一流”学科，5个学科入选天津市一流学科，5个学科入选天津市高校顶尖学科培育计划，建有5个天津市特色学科群、6个天津市服务产业特色学科群；学校拥有5个博士后流动站、6个博士学位授权点（一级学科博士学位授权点5个，博士专业学位授权类别1个），拥有27个一级学科硕士学位授权点（其中交叉学科硕士学位授权点1个）和12个硕士专业学位授权类别；纺织科学与工程学科在全国第四轮学科评估中获得A+；5个学科进入ESI全球前1%。2018年入选高等学校学科创新引智计划。

第二轮"双一流"建设学科

纺织科学与工程。

天津市一流学科

纺织科学与工程、材料科学与工程、机械工程、电气工程、环境科学与工程。

山东大学

Shandong University

校训：学无止境，气有浩然

学校信息

院校代码： 10422

建校时间： 1901 年

学校类别： 综合类

办学层次： “双一流”“211 工程”“985 工程”

学校地址： 山东省济南市历城区山大南路 27 号

光辉岁月

1901 年： 学校前身山东大学堂创建

1904 年： 迁入济南杆石桥新址，更名为山东高等学堂

1926 年： 山东 6 个公立专门学校合并，在济南组建省立山东大学

1951 年： 山东大学和华东大学合校，仍命名为山东大学

2000 年： 原山东大学、原山东医科大学、原山东工业大学合并组建新的山东大学

2017 年： 迈入世界一流大学建设高校（A 类）行列

文化长廊

儒家文化，源远流长

儒家思想是先秦诸子百家学说之一，开放包容，经世致用。儒家思想的核心为“仁、义、礼、智、信、恕、忠、孝、悌”，对后世中国的方方面面产生了深远的影响。山东大学作为山东高校中的重要代表，秉承儒家思想，弘扬孔子文化。学校内设有孔子学院，开展孔子文化的传播与研究，吸引着世界各地的学生和学者前来交流、学习。

老舍与山东大学

老舍，原名舒庆春，字舍予。中国现代小说家、文学家、戏剧家，新中国第一位获得“人民艺术家”称号的作家。老舍与历史上的山东大学渊源颇深。1934年秋，老舍去青岛山东大学任教，先被聘为中国文学系讲师，一年之后，于1935年暑假被改聘为中文系教授，直至1936年暑假辞去教职。在山东大学任教的两年间，老舍曾先后为学生讲授了小说作法、文艺批评、高级作文、欧洲文学概论、文艺思潮、欧洲通史等课程，课余时间继续小说的创作。

名校风采

山东大学威海天文台

山东大学威海天文台（暨威海市天文台）由山东大学、中国科学院国家天文台和威海市联合共建。天文台位于山东大学威海校区玛珈山顶，分东西两个圆顶。天文台自建成以来，主要开展小行星搜索、超新星巡天、活动星系核光变观测等科研课题。

第二轮“双一流”建设学科

中国语言文学、数学、化学、临床医学。

一级学科国家重点学科

材料科学与工程、数学。

二级学科国家重点学科

文艺学、粒子物理与原子核物理、凝聚态物理、物理化学、内科学（心血管病）、妇产科学、产业经济学、中国古代史、微生物学、机械制造及其自动化、控制理论与控制工程、人体解剖与组织胚胎学、流行病与卫生统计学、科学社会主义与国际共产主义运动。

中国海洋大学

Ocean University of China

校训：海纳百川，取则行远

学校信息

院校代码：10423

建校时间：1924 年

学校类别：综合类

办学层次：“双一流”“211 工程”“985 工程”

学校地址：山东省青岛市崂山区松岭路 238 号

光辉岁月

1924 年：学校前身私立青岛大学创建

1929 年：国立青岛大学成立

1932 年：更名为国立山东大学

1951 年：与华东大学合并，定名为山东大学

1959 年：成立山东海洋学院

1960 年：被国家确定为全国 13 所综合性大学之一

1988 年：更名为青岛海洋大学

2002 年：更名为中国海洋大学

文化长廊

百川归海，人才辈出

中国海洋大学是一所海洋和水产学科特色显著、学科门类齐全的教育部直属重点综合性大学，以造就国家海洋事业的领军人才和骨干力量为特殊使命。毕业生中已有16人当选中国科学院或中国工程院院士，3人先后担任国家海洋局局长，参加中国第一次南极考察的75位科学家中一半以上是中国海洋大学的毕业生。学校拥有科学考察实习船舶3艘，包括5000吨级新型深远海综合科考实习船“东方红3”、3000吨级海洋综合科学考察实习船“东方红2”、300吨级的“天使1”科考交通补给船，形成了自近岸、近海至深远海并辐射到极地的海上综合流动实验室系统，具备一流的海上现场观测能力。

名校风采

依山傍水，人杰地灵

中国海洋大学的鱼山校区坐落在青岛的老城区内，依山傍水，景色秀丽。校园内的建筑兼具传统建筑的独特韵味和西式建筑的华丽与优雅。德占时期的俾斯麦兵营就坐落在鱼山校区里，时光荏苒，如今这里岁月静好，俨然一片知识的海洋，但校园内依然保留着许多当年德国人修建的建筑和遗迹。中国海洋大学附近分布着众多的文化名人故居，如老舍故居、童第周故居……他们大多是当年来到青岛大学和山东大学执教的文化名流。除去旖旎的自然风光，中国海洋大学还凭借悠久的历史为自己增添了丰厚的文化底蕴。

第二轮“双一流”建设学科

海洋科学、水产科学。

一级学科国家重点学科

海洋科学、水产科学。

二级学科国家重点学科

物理海洋学，海洋化学，海洋生物学，海洋地质，水产养殖，渔业资源，捕捞学，水产品加工及贮藏工程，环境科学，港口、海岸及近海工程（培育学科）。

中国石油大学（华东）

China University of Petroleum（East China）

校训：惟真惟实

学校信息

院校代码： 10425

建校时间： 1953 年

学校类别： 理工类

办学层次： “双一流”“211 工程”

学校地址： 山东省青岛市黄岛区长江西路 66 号

光辉岁月

1953 年： 北京石油学院建立

1969 年： 学校整体迁至现山东省东营市，更名为华东石油学院

1981 年： 在北京石油学院原校址内成立研究生部

1988 年： 更名为石油大学，并在华东石油学院北京研究生部的基础上建立石油大学（北京）

2000 年： 石油大学（华东）与石油大学（北京）各自相对独立办学

2005 年： 更名为中国石油大学

文化长廊

知名校友

- **王德民**：中国工程院院士，石油开发专家，1960年毕业于北京石油学院采油专业。
- **杨启业**：中国工程院院士，炼油工艺专家，1957年毕业于北京石油学院石油炼制专业。

学校成就

中国石油大学（华东）作为中国石油行业的重要人才培养基地，取得了许多成就，其中最突出的是：在石油工程、油气田开发、能源与环境等领域的科研成果和技术应用上，为中国石油工业的发展做出了重要贡献。其教育质量和科研水平在国内外享有很高的声誉，为培养大量的优秀石油与化工人才、为中国的石油工业发展提供了强有力的支持和保障。

名校风采

中国石油大学（华东）位于美丽的海滨城市——青岛，是中国石油、石化高层次人才培养的重要基地。现有青岛唐岛湾校区、古镇口校区以及东营科教园区，校园总面积5000余亩，建筑面积130余万平方米。

截至2024年5月，学校有全日制在校本科生19000余人、研究生10000余人，留学生700余人，教师1697人。学科专业覆盖石油石化工业的各个领域，石油主干学科总体水平处于国内领先地位，拥有矿产普查与勘探、油气井工程、油气田开发工程、化学工艺、油气储运工程等5个国家重点学科。

第二轮"双一流"建设学科

石油与天然气工程、地质资源与地质工程。

国家级重点学科

矿产普查与勘探、油气井工程、油气田开发工程、化学工艺、油气储运工程。

国家重点（培育）学科

地球探测与信息技术、工业催化。

齐鲁工业大学（山东省科学院）

Qilu University of Technology

校训：明德励志，崇实尚能

学校信息

院校代码：10431

建校时间：1948 年

学校类别：理工类

学校地址：山东省济南市长清区大学路 3501 号

光辉岁月

1948 年：解放军胶东军区成立胶东工业学校

1978 年：更名为山东轻工业学院

2013 年：更名为齐鲁工业大学

2017 年：齐鲁工业大学和山东省科学院整合组建齐鲁工业大学（山东省科学院）

学校成就

近年来，学校共承担国家重点研发计划、国家自然科学基金等国家级科研课题409项，省部级项目（含参与）2027项。获得省部级及以上科技奖励101项，其中获国家科技进步奖一等奖1项、国家科技进步奖二等奖3项，光华工程科技奖1项，教育部科技进步奖一等奖2项、教育部技术发明奖二等奖1项，中国专利奖优秀奖1项，省级科技进步奖一等奖17项、技术发明奖一等奖2项，山东省社科优秀成果奖一等奖2项，泰山文艺奖一等奖1项。获得发明专利3700项，山东省专利奖一等奖2项；学术论文被SCI、SSCI收录6967篇，出版著作174部。主办《齐鲁工业大学学报》《科学与管理》《山东科学》3种学术期刊。

企业家的摇篮，工程师的沃土

齐鲁工业大学（山东省科学院）在济南、青岛、济宁、菏泽、德州等地设有校区或研究机构，主校区在济南长清大学科技园。设有26家教学科研机构，有全日制在校本科生、研究生、留学生共35000余人，专任教师2291人。办学70多年来，累计为社会培养输送各类人才19万名，涌现出了一大批行业领军人物，被誉为“企业家的摇篮，工程师的沃土”。

截至2024年5月，学校与40多个政府、100多个龙头企业建立科技合作关系，创办科技企业70多家，共建科技示范基地30多个，累计创造直接经济效益1000多亿元。

被授予中国创新驿站山东区域站点、国家技术转移示范机构、国家知识产权试点高校、国家级科技合作示范基地、国家级科技成果研究推广中心、国家级成果产业化基地、山东省产学研合作创新突出贡献单位等称号。

专业聚焦

国家级特色专业

轻化工程、生物工程、无机非金属材料工程、艺术设计。

省级品牌特色专业

轻化工程、生物工程、无机非金属材料工程、艺术设计、工业设计、自动化、应用化学、机械设计制造及其自动化、计算机科学与技术、高分子材料与工程。

山东省十二五重点学科

制浆造纸工程（强化重点学科）、发酵工程（强化重点学科）、设计艺术学（强化重点学科）、皮革化学与工程、材料物理与化学、高分子化学与物理、机械电子工程、食品科学、文化传播学。

河北/河南

河北/

燕山大学

河北大学

河南/

郑州大学

河南大学

河南科技大学

河南师范大学

燕山大学

Yanshan University

校训：厚德、博学、求是

学校信息

院校代码： 10216

建校时间： 1920 年

学校类别： 综合类

学校地址： 河北省秦皇岛市海港区河北大街西段 438 号

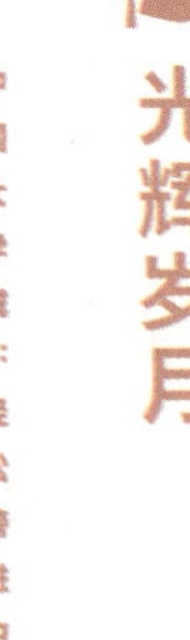

光辉岁月

1920 年：
哈工大建校，校名为哈尔滨中俄工业学校

1958 年：
哈尔滨工业大学重型机械及相关专业迁往齐齐哈尔，组建哈尔滨工业大学富拉尔基重型机械学院，后改名为哈尔滨工业大学重型机械学院

1960 年：
哈尔滨工业大学重型机械学院独立办学，定名为东北重型机械学院，隶属第一机械工业部

1978 年：
东北重型机械学院被国务院确定为全国重点高等院校

1984 年：
形成南、北两校两地办学的格局

1997 年：
南、北两校合并，更名为燕山大学

2006 年：
国防科学技术工业委员会和河北省人民政府共建燕山大学

燕山大学建有亚稳材料制备技术与科学国家重点实验室、起重机械关键技术全国重点实验室、冷轧板带装备及工艺国家工程技术研究中心、先进制造成型技术及装备国家地方联合工程研究中心、极端条件下机械结构和材料科学国防重点学科实验室、国家创新人才培养示范基地、国际科技合作基地、省部共建协同创新中心、国家技术转移示范机构，另建有4个河北省协同创新中心以及60个省部级科技创新平台（含与外单位共建）和26个省部级社会科学研究基地。

学校占地面积4000亩，建筑面积125万平方米。现有普通高等教育在校生40000人，教职工3200人。

燕山大学积极推进教育对外开放，构建全球核心伙伴关系网络，与30多个国家和地区的100余所国（境）外高水平大学和科研机构建立了友好合作关系，在联合办学、师生交流、科学研究等方面开展长期、广泛的合作。

学校在重型机械成套设备、亚稳材料科学与技术、并联机器人理论与技术、流体传动与电液伺服控制技术、工业自动化控制理论与技术、精密塑性成型技术、大型锻件锻造工艺与热处理技术、极端条件下机械结构与材料科学等研究领域具有国际先进水平。

我国首款具有国际主流水准的大型客机C919、神舟飞船、高铁提速、观天巨眼FAST、多功能应急救援车辆、直升机助降系统等一系列国家重大科研项目，都闪烁着燕山大学人的身影和燕山大学学科发展的结晶。

专业聚焦

一级学科国家重点学科

机械工程、材料科学与工程。

二级学科国家重点学科

机械制造及其自动化、机械电子工程、机械设计及理论、车辆工程、材料学。

河北大学

Hebei University

校训：实事求是

学校信息

院校代码：10075

建校时间：1921 年

学校类别：综合类

学校地址：河北省保定市五四东路 180 号

光辉岁月

1921 年：
河北大学的前身天津工商大学创立

1960 年：
改建为综合性大学，并定名为河北大学

1970 年：
迁至河北省保定市

2005 年：
河北省职工医学院及其附属医院并入河北大学

2018 年：
成为教育部与河北省人民政府“部省合建”高校

文化长廊

学校成就

河北大学拥有国家级教学团队1个、国家级教学名师2人；国家级一流本科专业建设点41个、一流本科课程21门；国家级课程思政示范课程3门；国家级“新工科”项目4项、“新文科”项目5项；实验教学示范中心、特色专业等国家级“质量工程”项目14个，专业综合改革试点、卓越人才培养计划等国家级“本科教学工程”项目12个，国家级众创空间2个；5个专业通过教育部专业认证。学校建有国家大学生文化素质教育基地、国家专业技术人员继续教育基地、中国延安精神教育基地、国家语言文字推广基地，是全国毕业生就业典型示范高校、全国创新创业典型经验高校、全国首批深化创新创业教育改革示范高校、全国首批“一站式”学生社区综合管理模式建设试点高校。

名校风采

河北大学学科门类齐全，分布在哲学、经济学、法学、教育学、文学、历史学、理学、工学、农学、医学、管理学、艺术学12大门类。设有86个本科专业，1个国家重点（培育）学科，17个博士学位授权一级学科，44个硕士学位授权一级学科，36种硕士专业学位授权类别，13个博士后科研流动站，1个博士后科研工作站。化学、材料科学、工程学、临床医学、植物与动物科学、药理学与毒理学6个学科进入ESI世界排名前1%。

学校坚持教育对外开放，先后与世界上100多所高校建立了合作交流关系，设有河北省首个非独立法人中外合作办学机构，以及中外合作办学项目，在南美洲、亚洲、非洲承办了3所孔子学院。

国家重点（培育）学科

动物学。

河北省强势特色学科

历史学、化学、生物学、光学工程。

河北省重点学科

中国古代文学、分析化学、中国古代史、计算机及应用、世界经济、光学与材料物理、外国教育史、动物学、高分子化学与物理、统计学、中国哲学、应用化学、等离子体物理、中国现当代文学、汉语言文字学、新闻学、肿瘤学。

郑州大学
Zhengzhou University

校训：求是 担当

学校信息

院校代码：10459

建校时间：1956 年

学校类别：综合类

办学层次：“双一流”“211 工程”

学校地址：河南省郑州市科学大道 100 号

光辉岁月

1956 年：
原郑州大学创立

1996 年：
成为国家“211 工程”重点建设高校

2000 年：
原郑州大学、郑州工业大学、河南医科大学三校合并组建新郑州大学

2017 年：
进入国家“双一流”建设高校行列

知名校友

- **张改平**：中国工程院院士，动物免疫学和免疫膜层析快速检测技术专家。
- **申长雨**：中国科学院院士，2003年2月至2012年8月任郑州大学校长。

学校总占地面积6100余亩，截至2024年3月，拥有全日制普通本科生4.3万余人、研究生2.7万余人，以及来自83个国家的留学生2100余人。

植根中原文化的博大精深和沉稳厚重，郑大人形成了包容宽厚、奋发进取的优良品质；学生来自全国34个省级行政区、世界83个国家，形成多地域、多民族、多文化交流融合的文化氛围；文、理、工、医、农等12个学科门类均衡发展，形成多学科交叉、相融互补的育人氛围；传承和弘扬源远流长的特色文化，多个校园的特色文化长期积淀与升华，孕育"求是 担当"的校训，形成"笃信仁厚、慎思勤勉"的校风，学校获评全国文明校园。在强化自身文化建设的同时，学校注重发挥文化引领的社会职责，努力为华夏文明传承创新做出新的贡献。

第二轮"双一流"建设学科

临床医学、材料科学与工程、化学。

二级学科国家重点学科

凝聚态物理、材料加工工程。

国家重点（培育）学科

中国古代史、有机化学、化学工艺、病理学与病理生理学。

河南大学

Henan University

校训：明德新民，止于至善

院校代码： 10475

建校时间： 1912 年

学校类别： 综合类

办学层次： "双一流"

学校地址： 河南省开封市明伦街 85 号

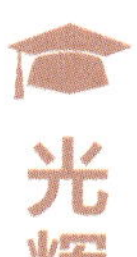

光辉岁月

1912 年： 河南留学欧美预备学校创立，校园选建于河南贡院旧址之上

1942 年： 升格为国立河南大学

1952 年： 院系调整，校本部更名为河南师范学校，后又多次易名

1984 年： 恢复河南大学校名

2008 年： 学校进入省部共建高校行列

2017 年： 入选首批国家"双一流"建设高校

文化长廊

知名校友

- **冯友兰：** 字芝生，河南唐河人。著名哲学家、哲学史家、教育家。1923年至1925年任中州大学（河南大学前身）文科主任兼哲学系主任、教授。
- **张金鉴：** 字明诚，河南安阳人。行政学泰斗，蜚声国际，被誉为“中国行政学之父”。1931年赴美国斯坦福大学政治系学习，1935年回国，受聘河南大学教授兼训育主任。
- **龚依群：** 湖南湘潭人，主要从事马克思主义和文艺文学的教学和研究。1975—1979年5月，任开封师范学院（河南大学前身）副院长。

名校风采

嵩岳苍苍，河水泱泱，中原文化悠且长。济济多士，风雨一堂。

河南大学历史悠久，建校已有112周年，拥有文、史、哲、经、管、法、理、工、医、农、教育、艺术、交叉13个学科，有40个学院（教研部），11个学科进入ESI世界排名前1%，82个本科专业进入一流本科专业建设“双万计划”。学校拥有郑州龙子湖校区和开封明伦校区、金明校区，总占地面积5500余亩。截至2024年6月，学校拥有全日制在校生5万余人、教职工4700余人，办有河南大学出版社和18种学术期刊，馆藏文献信息资源总量近1300万册卷件；先后与40个国家和地区的200所高校建立了友好合作关系。

专业聚焦

第二轮“双一流”建设学科

生物学。

省级特色学科重点建设学科

教育学、“黄河文明”学科群、“纳米材料与器件”学。

省级特色学科重点培育学科

应用经济学。

河南科技大学

Henan University of Science and Technology

校训：明德博学、日新笃行

学校信息

院校代码： 10464

建校时间： 1952 年

学校类别： 综合类

学校地址： 河南省洛阳市洛龙区开元大道 263 号

光辉岁月

1952 年：
学校创建于北京

1956 年：
迁至洛阳

1958 年：
更名为洛阳工学院，隶属于国家机械工业部

1998 年：
划转河南省管理

2002 年：
洛阳工学院与洛阳医学高等专科学校、洛阳农业高等专科学校合并组建河南科技大学

学校成就

近年来，在全国高校大学生学科竞赛中获国家级奖1338项。学校学生在“互联网+”“挑战杯”等三大赛中，荣获国家级奖项80项，其中，在2022年中国国际“互联网+”大学生创新创业大赛中获得金奖1项，总成绩位列全国高校第35位；在2022年“挑战杯”中国大学生创业计划竞赛全国决赛中，获得金奖2项，总成绩位列全国高校第33位，荣获全国“优胜杯”；在“挑战杯”全国大学生课外学术科技作品竞赛中曾8次荣获“全国高校优秀组织奖”，2023年获得国赛特等奖1项。

河南科技大学坐落于“千年古都，牡丹花城”洛阳，有开元、西苑2个校区，校园占地总面积4100亩。拥有11大学科门类，学部6个，学院27个，书院2个。截至2023年10月，学校拥有全日制本科生、研究生、留学生4.8万余人，有11所附属医院，12所教学医院。其中，第一附属医院是首批全国百佳医院、国家“疑难病症诊治能力提升工程建设单位”。

学校积极开展全方位多层次的国际交流与合作。现有中外合作办学项目4个，设有非独立法人机构——河南科技大学莫动理工学院。学校是教育部首批认定有条件接收外国留学生的高校，与俄、美、英、法、澳等国家200余所高水平大学和科研机构开展合作与交流，面向20余个国家招收学历本、硕、博层次的外国留学生。

国家级一流本科专业建设点

机械设计制造及自动化、材料成型及控制工程、计算机科学与技术、能源与动力工程、农业机械化及其自动化、食品科学与工程、金属材料工程、车辆工程、自动化、建筑环境与能源应用工程、冶金工程、英语、数学与应用数学、制药工程、无机非金属材料工程、食品质量与安全、电子商务、电子信息工程。

国家级特色专业

计算机科学与技术、机械制造及其自动化、材料成型及控制工程、车辆工程、金属材料工程、农业机械化及其自动化。

河南师范大学

Henan Normal University

校训：厚德博学 止于至善

学校信息

院校代码：10476

建校时间：1923 年

学校类别：师范类

学校地址：河南省新乡市建设东路 46 号

光辉岁月

1923 年：
中州大学成立，中州大学理科是河南师范大学的前身之一

1951 年：
平原师范学院建立

1953 年：
平原师范学院与原河南大学并校，更名为河南师范学院

1956 年：
更名为新乡师范学院

1985 年：
更名为河南师范大学

知名校友

万师强：河北大学生命科学学院教授、博士生导师，1989年在河南师范大学获得理学学士学位。中国生态学会副秘书长，2014年4月入选中国第一批“万人计划”名单。

学校成就

学校拥有4个国家级、10个省级实验教学示范中心，3个国家级、37个省级虚拟仿真实验教学项目，1个国家虚拟教研室建设试点。获得国家本科教学工程项目102项、国家教学成果奖11项（近5届），在河南省教师教育改革中发挥着愈来愈重要的引领和示范作用。学生在中国“互联网+”大学生创新创业大赛、“挑战杯”全国大学生课外学术科技作品竞赛、“创青春”全国大学生创业大赛、全国大学生数学建模竞赛中屡获佳绩，在教育部主办的“东芝杯”中国师范大学理科师范生教学技能创新大赛中，团体成绩连续6届位列前3名，并获得第7届大赛唯一最高奖——创新奖。此外，还获得中国青少年科技创新奖、跆拳道世界杯团体赛冠军以及中国音乐金钟奖、中国戏剧奖·校园戏剧奖、中国舞蹈荷花奖等艺术类三大最高奖项，成为全国同时拥有三大奖的唯一高校。

这是一所骨子里充满浪漫的学校，它揽一条河流入怀，这条河流就是从《诗经》里汩汩溢出的卫水。

河南师范大学位于豫北名城新乡市，北依巍巍太行，南濒滔滔黄河，坐落在广袤的牧野大地、美丽的卫水之滨。占地面积139.53万平方米，建有全球唯一的帕瓦罗蒂音乐艺术中心和河南省规模最大、种类最多的生物资源博物馆，办有附属中学、附属小学和幼儿园。

学校学科门类齐全，有哲学、经济学、法学、教育学、文学、历史学、理学、工学、农学、管理学、艺术学11大学科门类。设有25个学院（部），4个书院，89个本科专业。

学校在基础数学、理论物理、绿色化学、生物工程、药物研发、环境科学、中原文化及殷商甲骨文研究等领域取得一批标志性成果，部分成果居国际先进水平。一批以抗肿瘤、抗病毒系列核苷类药物和动力锂离子电池隔膜等为代表拥有自主知识产权的成果实现了产业化。

国家重点（培育）学科

化学。

第九批河南省一级学科重点学科

哲学、应用经济学、政治学、法学、社会学、马克思主义理论、教育学、心理学、体育学、中国语言文学、外国语言文学、中国史、数学、生物学、生态学、统计学、光学工程、材料科学与工程、电子科学与技术、计算机科学与技术、化学工程与技术、环境科学与工程、软件工程、水产、药学、工商管理、音乐与舞蹈学、美术学。

山西／陕西／甘肃

山西大学

Shanxi University

校训：中西会通、求真至善、
登崇俊良、自强报国

学校信息

院校代码： 10108

建校时间： 1902 年

学校类别： 综合类

办学层次： “双一流”

学校地址： 山西省太原市小店区坞城路 92 号

光辉岁月

1902 年： 山西大学堂成立

1912 年： 改称山西大学校

1943 年： 改称国立山西大学

1961 年： 山西大学与山西师范学院合并，仍称山西大学

1998 年： 被列为山西省重点建设大学

2005 年： 入选省部共建大学

2022 年： 入选国家“双一流”建设高校

文化长廊

知名校友

郑林：原名赵汝森，字林泉，山西永济人。1931年考入山西省立法学院，1935年毕业于山西大学法学院（省立法学院1934年并入山大法学院）。著名书法家，代表作有《郑林风范》《郑林书法集》等。

知名校长

邓初民：湖北省石首市人，长期从事社会科学和社会史的教学和研究工作，曾任山西大学校长。

名校风采

山西大学现有全日制本科生24155人，全日制硕士研究生9052人、非全日制硕士研究生1564人，教职工3265人，设有本科专业87个，涵盖文、史、哲、理、工、经、管、法、教、艺10大学科门类。国家级一流专业42个，省级一流专业31个。物理学专业入选国家基础学科拔尖学生培养计划2.0基地。建有国家级实验教学中心3个，国家级虚拟仿真实验教学项目2个，入选首批全国创新创业教育改革示范高校、全国创新创业典型经验高校50强。近年来，学生在"挑战杯"全国大学生课外学术科技作品竞赛、"互联网+"大学生创新创业大赛、ASC世界大学生超算竞赛等比赛中屡创佳绩，获得国家级奖项近130项。在奥运会、亚运会、全运会等赛事中先后获得金银铜牌10余枚。

学校还同美、日、韩、英、法、德、加等国家和地区的近100所高校及科研院所建立合作关系。长短期在校国际留学生达千余人。建有美国北卡夏洛特汉语中心、东帝汶商学院孔子课堂。学校积极拓展本科生国际交流渠道，与10多所国外知名大学建立了合作培养机制，为学生出国深造创造了良好条件。

专业聚焦

第二轮“双一流”建设学科

哲学、物理学。

国家重点学科

光学、科学技术哲学。

山西省重点学科

哲学、理论经济学、法学、政治学、马克思主义理论、体育学、中国语言文学、考古学、中国史、数学、物理学、化学、生物学、科学技术史、生态学、计算机科学与技术、环境科学与工程、管理科学与工程、艺术学。

太原理工大学

Taiyuan University of Technology

校训：求实、创新

学校信息

院校代码：10112

建校时间：1902 年

学校类别：理工类

办学层次："双一流""211 工程"

学校地址：山西省太原市万柏林区迎泽西大街 79 号

光辉岁月

1902 年：
学校前身国立山西大学堂西学专斋建立

1953 年：
学校独立建校，定名为太原工学院

1984 年：
更名为太原工业大学

1997 年：
与始建于 1958 年直属煤炭部的山西矿业学院合并，组建为太原理工大学；同年，学校被确定为国家"211 工程"重点建设大学

知名校友

云布龙：1962年毕业于原太原工学院（现太原理工大学）机械系，中国共产党优秀党员、党的优秀民族干部，第十五届中央委员，内蒙古自治区党委原副书记、自治区政府原主席。

学校成就

学校有国家一流专业41个，省级一流专业15个，国家一流课程31门；各类创新团队在国内外竞赛中屡创佳绩，大学生学科竞赛成绩稳居全国高校50强；在2021年中国国际“互联网+”大学生创新创业大赛中荣获4金1银，位居全国高校金牌排行榜第9位，2022年再获2金7银，整体实力进一步提升。“清泽心雨”思政平台获批教育部高校思想政治工作精品项目，“螺丝钉之家”入选全国学雷锋活动示范点。学校高度重视并着力构建全方位、多层次体育工作格局和积极健康的校园文化氛围，竞技体育成绩斐然，是国内迄今为止唯一获得过男篮、男足两项全国总冠军的大学。

名校风采

为者常成，行者常至。汾水之滨，煌煌学堂。

太原理工大学是一所历史悠久、底蕴深厚、特色鲜明的世纪学府，坐落于具有2500多年建城史的国家历史文化名城——太原。学校有明向、迎西、虎峪、柏林4个校区，占地面积超过200万平方米。

学校科研实力雄厚，成就卓著，曾连续两次作为首席科学家单位承担国家重点基础研究发展计划（973计划）项目，累计承担“863”计划、“国家重点研发计划”等国家级各类项目2212项；获得国家科技三大奖43项。学校拥有省部共建国家重点实验室1个、全国重点实验室2个、教育部重点实验室5个、教育部创新团队2个、科技部重点领域创新团队1个。近年来，学校努力打造服务国家和区域经济社会发展的才智引擎，成果转化、技术转移等累计为地方和行业企业创造经济效益逾百亿元。

专业聚焦

第二轮“双一流”建设学科

化学工程与技术。

国家重点学科

化学工艺、材料加工工程、采矿工程（培育学科）。

山西省重点学科

固体力学、机械电子工程、机械设计及理论、材料学、电机与电器、电路与系统、计算机应用技术、岩土工程、结构工程、水力学及河流动力学、化学工程、应用化学、应用数学、矿产普查与勘探、安全技术工程。

西安交通大学

Xi’an Jiaotong University

校训：精勤求学、敦笃励志、果毅力行、忠恕任事

院校代码： 10698

建校时间： 1896 年

学校类别： 综合类

办学层次： “双一流”“211 工程”“985 工程”

学校地址： 陕西省西安市碑林区咸宁西路 28 号

光辉岁月

1896 年： 前身南洋公学创办于上海

1912 年： 更名为交通部上海工业专门学校

1921 年： 上海工业专门学校、唐山工业专门学校、北平铁道管理学校、北平邮电学校合并成立交通大学

1957 年： 分设为交通大学西安、上海两部分

1959 年： 定名为西安交通大学

1995 年： 成为国家“211 工程”重点建设的首批 7 所大学之一

1999 年： 成为国家“985 工程”重点建设的首批 9 所大学之一

2017 年： 入选国家一流大学建设名单 A 类建设高校

2022 年： 入选第二轮国家“双一流”建设高校

文化长廊

钱学森与西安交通大学

钱学森图书馆坐落在西安交通大学中心四大发明广场旁，是西安交通大学的独特文化地标，昭示着“以明德为先，科学尚实”的大学精神和教育使命。钱学森图书馆的前身为1896年创建于上海的南洋公学藏书楼。1921年更名为交通大学图书馆。1957年，交通大学图书馆随校分设西安、上海两地。1995年，原西安交大图书馆更名为钱学森图书馆。钱学森是交通大学1934年毕业的校友，也是中国航天事业的奠基人、中国“两弹一星”功勋奖章获得者。

饮水思源

“饮水思源”是百年交大的光辉传统，“饮水思源”碑是交通大学标志性建筑。西安交通大学、上海交通大学、北京交通大学、西南交通大学、台湾交通大学校内均设有“饮水思源”碑。

名校风采

陕西秦腔博物馆

陕西秦腔博物馆位于西安交通大学校园内，由陕西省文化和旅游厅和西安交通大学联合共建而成。馆内陈列展品500多件，分概述、演出剧目等13个版块进行介绍，使秦腔这一古老的非遗艺术全方位展示在世人面前。

展览活动丰富多彩

西安交通大学内有着丰富的展览活动，如西汉壁画墓VR展示、西安交通大学博物馆馆藏人像艺术展、西安交通大学第三届文化创意创新大赛作品展、西迁展品背后的故事主题展等。展览活动涉及多个领域，供学生们参观、学习。

专业聚焦

第二轮"双一流"建设学科

力学、机械工程、材料科学与工程、动力工程及工程热物理、电气工程、控制科学与工程、管理科学与工程、工商管理。

一级学科国家重点学科

机械工程、材料科学与工程、动力工程及工程热物理、电气工程、控制科学与工程、生物医学工程、管理科学与工程、工商管理。

二级学科国家重点学科

产业经济学、计算数学、生理学、固体力学、微电子学与固体电子学、核能科学与工程、法医学、外科学（泌尿外）。

西北工业大学

Northwestern Polytechnical University

校训：公诚勇毅

学校信息

院校代码：10699

建校时间：1938 年

学校类别：理工类

办学层次：“双一流”“211 工程”“985 工程”

学校地址：陕西省西安市碑林区友谊西路 127 号

光辉岁月

1938 年：
国立北洋工学院、国立北平大学工学院、国立东北大学工学院、私立焦作工学院在陕西汉中组建国立西北工学院

1950 年：
更名为西北工学院

1957 年：
西北工学院与西安航空学院合并组建西北工业大学

1970 年：
原中国人民解放军军事工程学院航空工程系、哈尔滨工程学院航空工程系整体并入

文化长廊

鹏路翱翔

西北工业大学开中国无人机研制之先河，拥有中国唯一的无人飞行器技术全国重点实验室和无人机系统国家工程研究中心，建有中国高校唯一的无人机专业化飞行试验测试基地。在国庆60周年、建军90周年的阅兵中，整个无人机方队由西北工业大学自主研制生产，接受党和人民的检阅；在国庆70周年的阅兵中，西北工业大学无人机再次通过天安门接受检阅。

名校风采

秦岭脚下的最美校园

西北工业大学现有2个校区，分别是友谊校区、长安校区，总占地面积310余万平方米，另有一个太仓校区正在建设中。在现有校区中，长安校区的面积最大，达3900亩。长安校区位于秦岭脚下，环境尤为优美、秀丽，被誉为“秦岭脚下的最美校园”。长安校区有着亚洲最大的水上图书馆，它是无数西工大学子悉心钻研、夜夜奋战的地方。图书馆里藏书丰富，环境舒适。在这里，你可以学习任何你感兴趣的知识。

专业聚焦

第二轮“双一流”建设学科

机械工程、材料科学与工程、航空宇航科学与技术。

一级学科国家重点学科

材料科学与工程、航空宇航科学与技术。

二级学科国家重点学科

固体力学、机械电子工程、电路与系统、水声工程、控制理论与控制工程、计算机应用技术、武器系统与运用工程。

国家重点（培育）学科

流体力学、导航制导与控制。

西安电子科技大学

Xidian University

校训：厚德、求真、砺学、笃行

学校信息

院校代码：10701

建校时间：1931 年

学校类别：理工类

办学层次："双一流""211 工程"

学校地址：陕西省西安市雁塔区太白南路 2 号

光辉岁月

1931 年：
学校前身中央军委无线电学校建立

1935 年：
与陕北红军无线电训练班合并，组建中央军委无线电通信学校

1937 年：
中央军委无线电通信学校随党中央迁入延安，通称延安通校

1960 年：
更名为中国人民解放军军事电信工程学院

1966 年：
转为地方建制，更名为西北电讯工程学院

1988 年：
定名为西安电子科技大学

文化长廊

开辟电子与信息学科的先河

新中国成立后，西安电子科技大学开辟了我国电子与信息学科的先河，是国内最早建立雷达、信息论、微波天线、电子机械、电子对抗等专业的高校之一，是全国首批9所设有国家示范性微电子学院、首批9所设有国家集成电路人才培养基地、首批2所设有全国网络安全人才培养试点基地、首批7所设有一流网络安全学院、首批33所设有特色化示范性软件学院的高校之一，是全国8所设有国家集成电路产教融合创新平台、5所承担建设国家级密码科研实验平台的高校之一。

名校风采

终南山下，高新区旁

西安电子科技大学坐落在历史文化名城西安市南郊，校园绿树成荫，碧草连片，典雅古朴，环境优美，是我国信息与电子科学技术领域高层次人才培养和高水平科学研究的重要基地。学校建有南北2个校区，北校区位于西安高新技术产业开发区，南校区位于风景秀丽的终南山脚下。校园内坐落着远望谷体育馆，它以独特的建筑风格，以及智能化和信息化的特点，满足了各种高规格的体育赛事和活动的需求，体现了西安电子科技大学的教育理念和现代化管理理念。登上校园内的观光塔顶，可以俯瞰整个“西电”南校区，天朗气清之时，甚至可以望到远处的秦岭山脉。

专业聚焦

第二轮“双一流”建设学科

信息与通信工程、计算机科学与技术。

一级学科国家重点学科

信息与通信工程、电子科学与技术。

二级学科国家重点学科

通信与信息系统、信号与信息处理、物理电子学（涵盖）、电路与系统、微电子学与固体电子学、电磁场与微波技术、密码学。

西北农林科技大学

Northwest A&F University

校训：诚、朴、勇、毅

学校信息

院校代码： 10712

建校时间： 1934 年

学校类别： 农林类

办学层次： “双一流”“211 工程”“985 工程”

学校地址： 陕西省咸阳市杨凌示范区西农路南段

光辉岁月

1934 年：
学校前身国立西北农林专科学校建立

1938 年：
与国立西北联合大学农学院、河南大学农学院畜牧系合并，成立国立西北农学院

1949 年：
更名为西北农学院

1985 年：
更名为西北农业大学

1999 年：
原西北农业大学、西北林学院等 7 所科研、教学单位合并，组建西北农林科技大学

文化长廊

以农为本

西北农林科技大学的校徽图案象征的是生命科学，体现了农、林、水的主题。DNA是构成生命的基本物质，西北农林科技大学因小麦而闻名于世，两条螺旋向上并排的遗传物质DNA链，构成闻名于世的小麦，体现了学校（种植业和养殖业）农业的特点，也表达了学校传承农业文明的重任，肩负解决广大民众赖以生存的粮食问题的历史使命。校徽内画有成排向上的树木，代表的是林业。十年树木，百年树人，是西北农林科技大学教书育人的办学思想。

名校风采

“顶天立地”，服务“三农”

西北农林科技大学在长期办学实践中积淀形成了贴近“三农”、服务社会的优良传统，在国内率先探索实践以大学为依托的农业科技推广新模式，与500多个地方政府或龙头企业建立科技合作关系，在区域主导产业中心地带建立农业科技试验示范站30个、示范基地50个，构建了大学农业科技成果进村入户的快捷通道，累计创造直接经济效益超过1000亿元。西北农林科技大学积极投身乡村振兴和农业科技现代化建设，探索实践“三团一队”帮扶工作模式，相关工作案例连续两年获评教育部直属高校十大典型项目，连续四年在中央单位定点帮扶工作考核中获得“好”的等次。在全国首批建设新农村发展研究院，成立乡村振兴战略研究院、陕西省乡村振兴产业研究院，建有农民发展学院，为服务新时代农业农村现代化建设提供了重要智力支持。

专业聚焦

第二轮“双一流”建设学科

植物保护、畜牧学。

二级学科国家重点学科

植物病理学、果树学、土壤学、动物遗传育种与繁殖、临床兽医学、农业水土工程、农业经济管理。

国家重点（培育）学科

作物遗传育种、农业昆虫与害虫防治。

西北大学

Northwest University

校训：公、诚、勤、朴

学校信息

院校代码：10697

建校时间：1902 年

学校类别：综合类

办学层次：“双一流”“211 工程”

学校地址：陕西省西安市碑林区太白北路 229 号

光辉岁月

1902 年：学校前身是陕西大学堂和京师大学堂速成科仕学馆

1912 年：始称西北大学

1923 年：改名为国立西北大学

1937 年：西迁来陕西的国立北平大学、北平师范大学等组成国立西安临时大学

1938 年：改名为国立西北联合大学

1939 年：复称国立西北大学

1950 年：复名西北大学

1958 年：改隶陕西省主管

知名校友

- **舒德干**：中国科学院院士，西北大学早期生命研究所所长。
- **张国伟**：中国科学院院士，1961年毕业于西北大学并留校任教。

学校成就

作为中国西北地区的重要高等学府之一，西北大学在人才培养、科学研究以及社会服务方面都有着卓越的表现。西北大学在人才培养方面，不仅为国家输送了大量优秀的人才，还积极探索教育创新，培养了一大批在各个领域具有影响力的人才。在科学研究方面，西北大学的教师和学生们在多个领域都做出了重要贡献，涉及自然科学、人文社会科学等各个领域。在社会服务方面，西北大学充分发挥自身优势，积极参与地方经济社会建设。

名校风采

西北大学在多个学科领域的学术研究方面具有优势，涵盖了理、工、教育、法、文、经济、管理、医学、农学等多个学科门类。同时，西北大学也积极开展国际合作与交流，不断提升学校在国际上的影响力和声誉。学校十分重视对外科技文化交流，已与美、英、法、德、日等近30个国家及地区的120余所大学、科研机构建立了友好合作关系。《大英百科全书》曾将西北大学列为世界著名大学之一。

西北大学将考古和地质建成了王牌专业，更凭着师生的双手，建成一座珍藏着2万余件各类贵重文物及标本的博物馆。

在长期的发展历程中，西北大学形成了“发扬民族精神，融合世界思想，肩负建设西北之重任”的办学理念，会聚了众多名师大家，产生了一批高水平学术成果，培养了大批才任天下的杰出人才，享有良好的学术声誉和社会声望，被誉为“中华石油英才之母”“经济学家的摇篮”“作家摇篮”。

学校现有太白校区、桃园校区、长安校区3个校区，总占地面积2360余亩。现有24个院（系）和研究生院、1个中外合作办学机构、1个直属附属医院、7个非直属附属医院。设有87个本科专业，其中37个专业入选国家级一流本科专业建设点。学校现有24个博士学位授权点（其中一级学科23个、专业学位授权类别1个），57个硕士学位授权点（其中一级学科37个、专业学位授权类别20个），24个博士后科研流动站。

第二轮“双一流”建设学科

地质学、考古学。

陕西省重点学科

中国古代文学、光学、理论物理、凝聚态物理、原子与分子物理、等离子体物理、粒子物理与原子核物理、无线电物理、构造地质学、古生物学与地层学、矿物学岩石学矿床学、第四纪地质学、地球化学、矿产普查与勘探、地球探测与信息技术、地质工程、动物学、微生物学、中药学、生态学、细胞生物学、生物化学、化学工程与技术、化学工程、生物化工、化学工艺、应用化学。

陕西师范大学

Shaanxi Normal University

校训：厚德、积学、励志、敦行

学校信息

院校代码： 10718

建校时间： 1944 年

学校类别： 师范类

办学层次： “双一流”“211 工程”

学校地址： 西安市雁塔区长安南路 199 号

光辉岁月

1944 年： 学校的前身陕西省立师范专科学校创办

1954 年： 学校更名为西安师范学院

1960 年： 与陕西师范学院合并，定名为陕西师范大学

1978 年： 成为教育部直属师范大学

知名校友

- **房喻**：中国科学院院士，主要从事功能表界面与凝胶化学研究，曾任陕西师范大学校长。
- **冯起**：中国工程院院士，主要从事干旱地区水文、水资源与环境研究，陕西师范大学地理系1985级校友。

学校成就

教育质量和声誉：陕西师范大学在教育领域拥有较高的声誉和影响力，其教学质量得到了社会和学生的认可，为陕西乃至全国的教育事业做出了重要贡献。

科研创新成果：学校在科研领域积极探索，取得了一系列科研成果，在教育、文化、社会等多个领域都有重要的学术影响力和贡献。

人才培养与社会服务：陕西师范大学以培养德、智、体、美全面发展的社会主义建设者和接班人为己任，为陕西乃至全国培养了大量优秀的人才；学校还通过服务基础教育、乡村振兴和对口支援、专家学者走基层、大学生志愿服务等方式提供社会服务，为社会发展和进步做出了重要贡献。

社会影响力：作为陕西乃至西北地区重要的高等教育机构之一，陕西师范大学在推动地方经济发展、文化建设、社会和谐等方面发挥着重要作用，具有较高的社会影响力和地位。

学校位于古都西安，建有长安、雁塔2个校区。长安校区是学校的主校区，主要承担本科二、三、四年级和研究生的教育培养任务；雁塔校区主要承担本科一年级基础课和通识课教学以及教师教育、继续教育、远程教育、教师干部培训、留学生教育等任务。长安校区现代开放、气势恢宏，雁塔校区古朴典雅、钟灵毓秀。学校先后被教育部、陕西省人民政府授予“文明校园”称号。

教育是立国之本、强国之基。作为在西部地区的唯一的部属师范大学，建校80年来，学校始终坚守教师教育主责主业，为教育救国攻坚克难，为教育建国筚路蓝缕，为教育兴国勇立潮头，为教育强国踔厉奋发，以对国家、民族的赤胆忠诚和无私奉献，铸就了“扎根西部、甘于奉献、追求卓越、教育报国”的“西部红烛两代师表精神”。截至2024年4月，学校培养各类毕业生50余万人，为服务国家教育事业和区域经济社会发展，特别是对推动西部教师教育和基础教育的发展，做出了突出贡献。

第二轮“双一流”建设学科

中国语言文学。

二级学科国家重点学科

历史地理学、中国古代史、中国古代文学、动物学。

长安大学

Chang'an University

校训：弘毅明德，笃学创新

学校信息

院校代码：10710

建校时间：1951 年

学校类别：理工类

办学层次：“双一流”“211 工程”

学校地址：陕西省西安市南二环路中段

光辉岁月

1951 年：
学校前身西安公路交通大学、西安工程学院、西北建筑工程学院相继成立

1956 年：
开始招收来华留学生

1978 年：
开始招收硕士研究生

1983 年：
开始招收博士研究生

2000 年：
三校合并，组建长安大学

文化长廊

院士风采

- **彭建兵：**中国科学院院士，工程地质与灾害地质专家。
- **王小民：**中国科学院声学研究所所长、研究员、博士生导师。

学校成就

学校现有国家级实验教学中心5个（含3个国家级虚拟仿真实验教学中心）、省部级实验教学中心19个（含4个省部级虚拟仿真实验教学中心），有国家工程研究中心2个、国际联合实验室1个、省部级重点研究基地91个，联合共建陕西国家应用数学中心1个。国内高校唯一的“车联网与智能汽车试验场”，被交通运输部认定为全国首批三大“自动驾驶封闭场地测试基地”之一。

名校风采

长安大学坐落于古都西安市，有南北2个校区，南校区位于西安标志性唐代建筑大雁塔脚下，北校区坐落于西安母亲河渭水之滨，形成南北呼应之势。建有太白山、梁山、渭水3个教学实习基地，校园面积3745亩。下设25个教学院（系、中心）、84个本科专业；全日制本科生2.5万余人。

专业聚焦

第二轮“双一流”建设学科

交通运输工程。

一级学科国家重点学科

交通运输工程。

二级学科国家重点学科

道路与铁道工程、载运工具运用工程、交通运输规划与管理、交通信息工程及控制、地质工程。

西安建筑科技大学

Xi'an University of Architecture and Technology

校训：自强、笃实、求源、创新

学校信息

院校代码：10703

建校时间：1895 年

学校类别：理工类

学校地址：陕西省西安市碑林区雁塔路中段 13 号

光辉岁月

1895 年：
学校前身天津北洋西学学堂建立

1956 年：
原东北工学院、西北工学院、青岛工学院和苏南工业专科学校的土木、建筑、市政系（科）整建制合并为西安建筑工程学院

1959 年：
改名为西安冶金学院

1963 年：
改名为西安冶金建筑学院

1994 年：
更名为西安建筑科技大学

文化长廊

学校成就

学校拥有绿色建筑全国重点实验室1个，国家国际科技合作基地1个、国家级智库1个、国家级成果研究推广中心1个、国家地方联合工程研究中心2个、省部共建协同创新中心1个、国家技术转移示范机构1个、科学家精神教育基地2个、国家级实验教学示范中心/虚拟仿真实验教学中心5个，甲级资质设计研究院3个。陕西省依托学校成立了陕西循环经济工程技术院、陕西省新型城镇化和人居环境研究院、陕西省膜分离技术研究院。

名校风采

西安建筑科技大学坐落于历史文化名城西安，现有雁塔、草堂2个校区和1个大学科技园区。雁塔校区南眺驰名中外的唐代大雁塔，北临举世闻名的明代古城墙；草堂校区坐落于高新区草寺东路；大学科技园位于西安高新技术东开发区幸福林带南段，东依景色怡人的浐灞生态园；两校区和科技园区总占地3700余亩。

学校以土木建筑、环境市政、材料冶金及其相关学科为特色，以工程技术学科为主体，工、管、艺、理、文、法、哲、经、教等学科协调发展。工程学进入ESI排名全球前1.48‰，材料科学、环境与生态学、化学学科进入全球前1%。建筑与建造环境学科进入QS世界大学学科排名前200名。土木工程、环境科学与工程、化学工程、能源科学与工程、生物工程、冶金工程6个学科入选软科世界一流学科排名榜单。

国家重点学科

结构工程、建筑设计及其理论、环境工程。

国家级特色专业

建筑学、城市规划、土木工程、环境工程、建筑环境与设备工程、工程管理、材料科学与工程、给水排水工程、艺术设计。

陕西省特色专业

城市规划、环境工程、土木工程、工程管理、建筑学、建筑环境与设备工程、艺术设计、给水排水工程、社会体育（体育建筑管理）、材料科学与信息系统、信息管理与信息系统、交通工程、环境科学、会计学、冶金工程。

兰州大学

Lanzhou University

校训：自强不息，独树一帜

学校信息

院校代码： 10730

建校时间： 1909 年

学校类别： 综合类

办学层次： “双一流”“211 工程”“985 工程”

学校地址： 甘肃省兰州市城关区天水南路 222 号

光辉岁月

1909 年：
前身为甘肃法政学堂

1946 年：
更名为国立兰州大学

1949 年：
更名为兰州大学

1996 年：
成为“211 工程”重点建设高校

2001 年：
成为“985 工程”重点建设高校

2017 年：
入选世界一流大学建设 A 类高校名单

文化长廊

坚守大西北，为国育英才

兰州大学现有城关、榆中2个校区，在110多年的办学历程中，兰州大学坚守在西部、奋斗为国家，走出了在经济待发达地区创办中国特色、世界一流大学的奋进之路，创造了化学“一门八院士”、地学“师生三代勇闯地球三极”、中国科学院“兰大军团”、隆基兰大合伙人等享誉国内外的“兰大现象”。

知名校友

詹发禄：兰州大学1996级物理科学与技术学院材料化学专业本科，2002级化学化工学院高分子化学与物理专业博士校友。2005年，詹发禄毕业于兰州大学，同年7月进入内蒙古合成化工研究所工作。18年来，他将自己毫无保留地奉献给固体火箭燃料的研究，先后获得相关领域二、三等奖各1项，还获得了6项专利。

名校风采

敦煌胜景，触手可及

兰州大学的校园文化有着浓厚的地理特色，学校以“敦煌文化”为主题开展了一系列活动，如敦煌文化周、敦煌古风诗歌朗诵会、敦煌古风服饰展示等，展现了兰州大学的西部特色和历史底蕴。兰州大学大学生敦煌乐舞团舞蹈剧场《敦煌印象》以敦煌壁画伎乐天形象为元素，结合古典舞、现代舞编创技法，加入诗词吟唱、琵琶演奏等艺术形式，淋漓尽致地将敦煌故事讲述了出来，备受学生们的喜爱。

第二轮“双一流”建设学科

化学、大气科学、生态学、草学。

国家重点学科

区域经济学、民族学、粒子物理与原子核物理、有机化学、自然地理学、植物学、生态学、固体力学。

国家重点（培育）学科

大气物理学与大气环境、历史文献学。

四川/重庆/湖南

四川/

四川大学

电子科技大学

西南交通大学

西南财经大学

重庆/

重庆大学

西南大学

湖南/

中南大学

湖南大学

湖南师范大学

湘潭大学

四川大学

Sichuan University

校训：海纳百川，有容乃大

院校代码：10610

建校时间：1896 年

学校类别：综合类

办学层次：“双一流”“211 工程”“985 工程”

学校地址：四川省成都市武侯区一环路南一段 24 号

光辉岁月

1896 年：
开办四川中西学堂，是西南地区最早的近代高等学校

1994 年：
原四川大学和原成都科技大学合并为四川联合大学

1998 年：
更名为四川大学

2000 年：
四川大学与原华西医科大学合并，组建成新的四川大学

2017 年：
入选国家“双一流”建设高校

岷峨挺秀，锦水含章。巍巍学府，德渥群芳。四川大学是教育部直属全国重点大学，是国家布局在中国西部的重点建设的高水平研究型综合大学，是国家“双一流”建设高校（A类）。四川大学地处中国历史文化名城——“天府之国”成都，有望江、华西和江安3个校区，校园环境幽雅、花木繁茂、碧草如茵、景色宜人，是读书治学的理想园地。

江姐纪念馆

江竹筠，原名江竹君，又名江姐，1939年加入中国共产党，1949年11月14日，殉难于重庆渣滓洞集中营电台岚垭，时年29岁。2019年11月14日，在江姐牺牲70周年纪念日之际，四川大学举行“江姐纪念馆”开馆暨“四川大学革命英烈事迹陈列馆”揭牌仪式。这是全国首家江姐纪念馆，也是西南高校首家专题革命烈士纪念馆。四川大学在开展“不忘初心、牢记使命”的主题教育之际，深入发掘红色基因资源，进一步丰富革命英烈事迹。纪念馆建设在江姐曾经居住的四川大学望江校区女生院旧址之上。该馆占地面积约700平方米，由一个144平方米的江姐事迹主展厅、16平方米的江姐宿舍场景复原展厅、77平方米的川大英烈事迹展厅、一个400多平方米的小型院落组成。

第二轮“双一流”建设学科

数学、化学、材料科学与工程、基础医学、口腔医学、护理学。

一级学科国家重点学科

中国语言文学、数学、材料科学与工程、生物医学工程、口腔医学。

二级学科国家重点学科

宗教学、政治经济学、历史文献学、专门史、原子与分子物理、有机化学、植物学、遗传学、固体力学、计算机应用技术、岩土工程、水力学及河流动力学、化学工程、皮革化学与工程、核技术及应用、法医学、内科学（呼吸系病）、内科学（消化系病）、儿科学、影像医学与核医学、外科学（骨外）、外科学（普外）、外科学（胸心外）、妇产科学、肿瘤学、营养与食品卫生学、药剂学。

国家重点（培育）学科

凝聚态物理、水文学及水资源、精神病与精神卫生学、麻醉学。

电子科技大学

University of Electronic Science and Technology of China

校训：求实求真、大气大为

学校信息

院校代码：10614

建校时间：1956 年

学校类别：理工类

办学层次：“双一流”“211 工程”“985 工程”

学校地址：四川省成都市高新区（西区）西源大道 2006 号

光辉岁月

1956 年：
多校院系合并创建成都电讯工程学院

1960 年：
被列为全国重点大学

1961 年：
被确定为 7 所国防工业院校之一

1988 年：
更名为电子科技大学

1997 年：
成为国家首批“211 工程”重点建设大学

2001 年：
成为国家“985 工程”重点建设大学

2017 年：
入选国家“双一流”建设高校

川剧文化艺术节

川剧，首批列入我国非物质文化遗产，是中华优秀传统文化的代表。为了传播川剧文化，传承川剧艺术，电子科技大学曾举办“国粹·传承”校园川剧文化艺术节。通过川剧嘉年华、讲座与沙龙、课程及工作坊展示、优秀剧目展演等多种形式营造校园川剧文化氛围，让同学们感受川剧艺术独特的魅力。

电子科技大学坐落于四川省成都市，经过60余年的建设，学校形成了从本科到硕士研究生、博士研究生等多层次、多类型的人才培养格局，成为一所完整覆盖整个电子信息类学科，以电子信息科学技术为核心，以工为主，理工渗透，理、工、管、文、医协调发展的多科性研究型大学，成长为国内电子信息领域高新技术的源头，创新人才的基地。

电子科技大学高度重视学生创新实践能力培养，支持和鼓励学生积极参与科技创新、文化艺术和社会实践活动。电子科技大学的学生们活跃在中国国际“互联网+”大学生创新创业大赛、“挑战杯”全国大学生课外学术科技作品竞赛、“挑战杯”中国大学生创业计划大赛等比赛上，并取得了优异的成绩。

第二轮"双一流"建设学科

电子科学与技术、信息与通信工程。

一级学科国家重点学科

电子科学与技术、信息与通信工程。

国家重点（培育）学科

光学工程、计算机应用技术。

西南交通大学

Southwest Jiaotong University

校训：精勤求学，敦笃励志，果毅力行，忠恕任事

学校信息

院校代码：10613

建校时间：1896 年

学校类别：理工类

办学层次：“双一流”“211 工程”

学校地址：四川省成都市二环路北一段 111 号

光辉岁月

1896 年：
学校肇始于 1896 年创建的山海关北洋铁路官学堂

1952 年：
更名为唐山铁道学院

1960 年：
经中共中央批准成为全国重点大学

1964 年：
学校迁至四川峨眉

1972 年：
定名为西南交通大学

文化长廊

竢实扬华、自强不息

在128年的办学历程中，西南交通大学始终与中华民族同呼吸、共命运，见证和参与了中华民族百折不挠、不断奋进的光辉历史，形成了“竢实扬华、自强不息”的交大精神、“严谨治学、严格要求”的办学传统和“精勤求学，敦笃励志，果毅力行，忠恕任事”的校训精神，培养和造就了以茅以升、竺可桢、林同炎、黄万里等为代表的30余万栋梁英才，师生中产生了3位“两弹一星”元勋、65位海内外院士和38位国家工程勘察设计大师，改革开放以来培养了我国轨道交通领域的10余位两院院士。邓小平同志给予学校高度评价：“这所学校出了不少人才。”

名校风采

西南交通大学设有国家级大学科技园、未来轨道交通未来技术产业园、国家级科技企业孵化器、国家技术转移中心以及技术转移研究院，建立了“科技—孵化—产业”全链条成果转化模式，在全国率先探索“职务科技成果权属混合所有制”改革，被誉为科技领域的“小岗村实验”，相关改革实物被中国共产党历史展览馆永久收藏。

专业聚焦

第二轮“双一流”建设学科

交通运输工程。

一级学科国家重点学科

机械工程、交通运输工程。

二级学科国家重点学科

机械制造及其自动化、机械电子工程、机械设计及理论、车辆工程、道路与铁道工程、交通信息工程及控制、交通运输规划与管理、载运工具运用工程、电力系统及其自动化、桥梁与隧道工程。

西南财经大学

Southwestern University of Finance and Economics

校训：严谨、勤俭、求实、开拓

学校信息

院校代码： 10651

建校时间： 1925 年

学校类别： 财经类

办学层次： “双一流”“211 工程”

学校地址： 四川省成都市青羊区光华村街 55 号

光辉岁月

1925 年： 始于在上海创建的光华大学

1938 年： 光华大学内迁成都，定名为光华大学成都分部

1946 年： 更名为成华大学

1960 年： 分设四川财经学院和四川科学技术学院

1961 年： 四川财经学院和四川科学技术学院合并，更名为成都大学

1985 年： 更名为西南财经大学

知名校友

- **周彧**：西南财经大学1992级校友，原法学系经济法专业毕业，现任云南大学法学院讲师。
- **谢太峰**：西南财经大学金融学院金融学专业毕业，获经济学博士学位，现为首都经济贸易大学金融学院院长，博士生导师。

学校成就

学术研究与科研成果：西南财经大学在经济学、管理学、金融学等领域拥有一流的研究团队和学术平台，涌现出了大量具有国际影响力的学术成果，为国家和地区经济发展提供了重要的理论支持和政策建议。

人才培养：西南财经大学致力于培养高素质的经济管理人才，为国家和地方经济建设和社会发展输送了大量优秀人才，为社会经济发展做出了重要贡献。

国际化发展与合作交流：西南财经大学积极推进国际化发展战略，与国际知名高校建立了广泛的合作关系，开展了多种形式的国际交流与合作，提升了学校的国际影响力和竞争力。

社会荣誉和声誉认可：西南财经大学被国家和地方多次授予各种荣誉称号，取得了丰硕的教育教学成果和社会影响，为学校的发展树立了良好的形象和声誉。

名校风采

西南财经大学建校以来，为国家经济建设和社会发展输送了一大批优秀人才，已成为国家金融、经济、管理等部门高水平人才培养的重要基地。近年来，本科生国内外深造率达40%，20万余名校友中涌现出一大批金融行业领军人物，被誉为“中国金融人才库”。

西南财经大学致力于培养德智体美劳全面发展，具有社会责任感、创新精神、国际视野的财经领域的卓越人才。学校现有27个学院，全日制本科生28985人、硕士研究生13130人、博士研究生3265人、留学生463人。

学校主办的《经济学家》《财经科学》分别被评为全国高校社科名刊和精品期刊；创办的英文学术期刊*Financial Innovation*成为近10年来国内第一本被SSCI收录的金融领域学术期刊。

第二轮“双一流”建设学科

应用经济学。

二级学科国家重点学科

金融学、政治经济学、会计学、统计学。

重庆大学

Chongqing University

校训：耐劳苦、尚俭朴、勤学业、爱国家

院校代码： 10611

建校时间： 1929 年

学校类别： 综合类

办学层次： “双一流”“211 工程”“985 工程”

学校地址： 重庆市沙坪坝区沙正街 174 号

1929 年：
重庆大学创立

1960 年：
被确定为全国重点大学

1998 年：
成为国家“211 工程”重点建设高校

2000 年：
原重庆建筑大学、重庆建筑高等专科学校与重庆大学合并组建为新的重庆大学

2017 年：
入选国家世界一流大学建设高校（A 类）

2022 年：
入选第二轮“双一流”建设高校

李四光在重大

李四光：蒙古族人，世界著名的科学家、地质学家、教育家和社会活动家，是中国现代地球科学和地质工作的奠基人之一和主要领导人，首创地质力学。中华人民共和国成立后，任长春地质学院教务长兼地矿系主任。1944—1946年任重庆大学地质系教授。

讲好重大故事，传承重大浪漫

重庆大学组织创作了《重庆家书》《重庆往事·红色恋人》《光华》《初心·1929》《寅初亭》《何鲁》《渝创·渝新》等原创文化作品，讲好“重大故事”，展示人文素养和家国情怀。传承和打造以川剧为代表的特色中华优秀传统文化成果，获批全国普通高校中华优秀传统文化传承基地（川剧）。弘扬革命文化，持续开展“红岩革命故事展演”等活动。建立师生、校友人物特色档案资源库，打造“重大文库”，传播重大精神。实施建筑文化景观完善工程，学校近现代建筑群和早期建筑群分别入选第二批中国20世纪建筑遗产和第八批全国重点文物保护单位。

第二轮“双一流”建设学科

机械工程、电气工程、土木工程。

一级学科国家重点学科

机械工程、电气工程、生物医学工程。

二级学科国家重点学科

机械制造及其自动化、机械电子工程、机械设计及理论、车辆工程、电机与电器、电力系统及其自动化、高电压与绝缘技术、电力电子与电力传动、电工理论与新技术、生物医学工程、精密仪器及机械、材料学、工程热物理、城市规划与设计（含：风景园林规划与设计）、岩土工程、采矿工程、技术经济及管理、计算机软件与理论（培育）、钢铁冶金（培育）。

西南大学

Southwest University

校训：含弘光大、继往开来

学校信息

院校代码：10635

建校时间：1906 年

学校类别：综合类

办学层次：“双一流”“211 工程”

学校地址：重庆市北碚区天生路 2 号

光辉岁月

1906 年：
川东师范学堂建立

1936 年：
更名为四川省立教育学院

1950 年：
部分院系与国立女子师范学院合并建立西南师范学院；另一部分院系与私立相辉学院等合并建立西南农学院

1985 年：
西南师范学院更名为西南师范大学；西南农学院更名为西南农业大学

2005 年：
西南师范大学、西南农业大学合并组建为西南大学

文化长廊

知名校友

袁隆平：生于北京，祖籍江西省九江市德安县。1953年，袁隆平毕业于西南农学院（现西南大学），是享誉海内外的著名农业科学家，中国杂交水稻事业的开创者和领导者，“共和国勋章”获得者，湖南省政协原副主席，国家杂交水稻工程技术研究中心原主任，中国工程院院士，被誉为“杂交水稻之父”。

名校风采

为学生提供展示自己的舞台

西南大学的校园充满了浓厚的文化氛围，校园里不仅有历史悠久的文化学府，还有丰富多彩的文化活动。例如“风华杯”大学生歌手比赛、音乐会、舞蹈晚会、话剧表演、书法、绘画比赛等。这些活动为学生们提供了可以展示自己的舞台，让学生们的大学生活变得丰富多彩、饶有趣味。

专业聚焦

第二轮“双一流”建设学科

生物学、教育学。

国家重点学科

课程与教学论、基础心理学、特种经济动物饲养。

国家重点（培育）学科

生态学、果树学。

中南大学

Central South University

校训：知行合一、经世致用

学校信息

院校代码： 10533

建校时间： 2000 年

学校类别： 综合类

办学层次：“双一流”“211 工程”“985 工程”

学校地址： 湖南省长沙市岳麓区麓山南路 932 号

光辉岁月

2000 年： 原湖南医科大学、长沙铁道学院与中南工业大学组建成中南大学

2001 年： 进入国家“985 工程”部省重点共建高水平大学行列

2008 年： 教育部、国防科学技术工业委员、湖南省人民政府三方宣布共建中南大学

2017 年： 入选世界一流大学 A 类建设高校

2022 年： 入选第二轮“双一流”建设高校

四川 / 重庆 / 湖南

文化长廊

知行合一、经世致用

中南大学坐落在中国历史文化名城——湖南省长沙市，占地面积317万平方米。跨湘江两岸，依巍巍岳麓，临滔滔湘水，环境幽雅，景色宜人，是求知治学的理想园地。学校设有31个二级学院。

中南大学历经百年办学积淀，顺应中国高等教育体制改革大势，弘扬以“知行合一、经世致用”为核心的大学精神，力行“向善、求真、唯美、有容”的校风，坚持自身办学特色，服务国家和社会重大需求，团结奋进，改革创新，追求卓越，综合实力和整体水平大幅提升。

名校风采

观云池

观云池位于中南大学本部中轴线的中间，历经多次修缮。如今，观云池俨然成为中南大学校园里的一处独特的风景，引来无数学子、游客驻足欣赏。中南大学的老校区里皆是参天古树，在图书馆正对面的观云池已经是校园里不可分割的一部分。观云池内有锦鲤游走，夏季荷花盛放，在炎炎夏日带来的一丝凉意是中南大学学子们心中最美好的一份记忆。

专业聚焦

第二轮“双一流”建设学科

数学、材料科学与工程、冶金工程、矿业工程、交通运输工程。

一级学科国家重点学科

机械工程、材料科学与工程、土木工程、矿业工程、交通运输工程、管理科学与工程。

二级学科国家重点学科

概率论与数理统计、控制理论与控制工程、有色金属冶金、地球探测与信息技术、病理学与病理生理学、精神病与精神卫生学、内科学（内分泌与代谢病）、神经病学、外科学（胸心外）、耳鼻咽喉科学、遗传学、药理学。

国家重点（培育）学科

外科学（普外）。

湖南大学

Hunan University

校训：实事求是，敢为人先

学校信息

院校代码： 10532

建校时间： 976 年

学校类别： 综合类

办学层次：“双一流”“211 工程”“985 工程”

学校地址： 湖南省长沙市岳麓区麓山南路麓山门

光辉岁月

976 年：
学校前身岳麓书院创立

1903 年：
改制为湖南高等学堂

1926 年：
正式定名为湖南大学

1937 年：
成为全国 16 所国立大学之一

1998 年：
被确定为国家“211 工程”重点建设大学

2000 年：
与湖南财经学院合并组建成新的湖南大学

2001 年：
入选国家“985 工程”重点建设高校

惟楚有材，于斯为盛

在长期的办学历程中，湖南大学形成了“传道济民、爱国务实、经世致用、兼容并蓄”的教育传统，积淀了以“实事求是、敢为人先”的校训、“博学、睿思、勤勉、致知”的校风为核心的湖大精神，培育和熏陶了以王夫之、陶澍、魏源、贺长龄、曾国藩、左宗棠、郭嵩焘、谭嗣同、黄兴、蔡锷、杨昌济、毛泽东、何叔衡、蔡和森、邓中夏、李达等为代表的一大批人才。湖南大学的师生群体中涌现出了超过40位的学部委员和两院院士，“惟楚有材，于斯为盛”成为湖南大学人才辈出的生动写照。

湖大“红楼”

湖南大学科学馆（现校办公楼）坐落于东方红广场旁，因有着砖红色的外表，湖大师生亲切地称它为“红楼”。1945年9月15日，抗日战争中国战区中国陆军第四方面军长衡岳地区受降仪式在科学馆里的一间教室里举行。湖南大学作为唯一举行侵华日军投降仪式的中国大学，见证了中华民族“雪百年耻辱，复万里河山”的历史时刻。近百年的风霜给这座典雅大气的建筑添上了历史的痕迹，亦让它焕发新生。

第二轮“双一流”建设学科

化学、机械工程、电气工程。

一级学科国家重点学科

机械工程、土木工程。

二级学科国家重点学科

国际贸易学，机械制造及其自动化，机械电子工程，机械设计及理论，车辆工程，岩土工程，结构工程，市政工程，供热、供燃气、通风及空调工程，防灾减灾工程及防护工程，桥梁与隧道工程，分析化学，控制理论与控制工程，环境工程。

国家重点（培育）学科

电工理论与新技术。

湖南师范大学

Hunan Normal University

校训：仁爱精勤

学校信息

院校代码：10542

建校时间：1938 年

学校类别：师范类

办学层次：“双一流”“211 工程”

学校地址：湖南省长沙市岳麓区麓山路 36 号

光辉岁月

1938 年：
初名为国立师范学院

1953 年：
更名为湖南师范学院

1984 年：
更名为湖南师范大学

1996 年：
成为国家首批“211 工程”重点建设大学之一

2000 年：
合并了湖南教育学院、湖南政法管理干部学院和湖南医学高等专科学校，成为全国百强大学之一

知名校友

陈大可：物理海洋学家，中国科学院院士，国家海洋局第二海洋研究所研究员、博士生导师，1982年毕业于湖南师范大学物理系。

学校成就

教育质量：湖南师范大学在教学和科研方面取得了显著成就，为湖南乃至全国培养了大批优秀人才，为社会和经济发展做出了重要贡献。

科研创新：学校在多个学科领域开展了一系列重要的科研成果，涵盖自然科学、人文社会科学等多个领域，为学术研究和科技创新提供了重要支撑。

社会服务：湖南师范大学积极投身社会服务，推动科技成果转化，促进地方经济社会发展，为湖南乃至全国的社会进步和民生改善做出了积极贡献。

国际交流与合作：学校积极开展国际交流与合作，与世界各国的高校和科研机构建立了广泛的合作关系，推动了学术交流和人才培养的国际化进程。

湖南师范大学位于大学城，紧邻湖南大学，是一所开放性的大学。坐落于岳麓山脚下，环境非常优美。一共有7个校区，大学的建筑基本以红色为主，校园里有公交站，也有地铁站，交通非常便利。是我国最好的师范大学之一，在全国师范大学中位居前列。

湖南师范大学创建于1938年，占地近3000亩，建筑面积133万平方米。学校设有24个学院，现招生本科专业94个，本科和研究生教育覆盖哲学、经济学、法学、教育学、文学、历史学、理学、工学、医学、管理学、艺术学、交叉学科12大学科门类。学校拥有伦理学、英语语言文学、中国近现代史、发育生物学、理论物理、基础数学6个国家重点学科，外国语言文学入选国家“世界一流建设学科”，化学、临床医学、材料科学、工程科学、植物与动物学、环境与生态学、物理学、生物与生化、数学9个学科进入ESI全球前1%，哲学、生物学入选湖南省“世界一流培育学科”，发育生物学与生物育种学科群入选湖南省高校优势特色学科群，理论经济学、法学、政治学、马克思主义理论、教育学、心理学、体育学、中国语言文学、新闻传播学、中国史、数学、物理学、化学、地理学、统计学、计算机科学与技术、基础医学、艺术学18个学科入选湖南省“十四五”重点学科。

第二轮“双一流”建设学科

外国语言文学。

国家重点学科

伦理学、英语语言文学、中国近现代史、发育生物学、理论物理、基础数学。

国内一流建设学科

教育学、数学、哲学、中国语言文学、生物学。

湘潭大学

Xiangtan University

校训：博学笃行、盛德日新

学校信息

院校代码：10530

建校时间：1958 年

学校类别：综合类

办学层次：“双一流”

学校地址：湖南省湘潭市雨湖区羊牯塘 27 号

光辉岁月

1958 年：
学校创建

1974 年：
湘潭大学复校

1978 年：
被国务院确定为全国 16 所文理工综合性重点大学之一

1981 年：
学校成为全国首批硕士学位授权单位之一

2022 年：
学校入选国家“双一流”建设高校

文化长廊

学校成就

学校在国家社科基金年度项目和青年项目立项数上位居全国高校前30名左右；1项成果入选《国家哲学社会科学成果文库》；社科论文人大复印资料转载量和综合指数进入全国高校前3%；7个智库入选中国智库索引名单（CTTI）。科研成果获得国家自然科学奖、国家科技进步奖、教育部高等学校科学研究优秀成果奖、湖南省科学技术奖、湖南省社会科学优秀成果奖等部省级以上奖励120余项。建有院士工作站、创新研究院等高层次产学研基地，近5年签订产学研合作项目1600余项，授权专利2918件。

名校风采

湘水之滨，伟人故里

湘潭大学位于湖南省湘潭市，有全日制在校学生38264人，专任教师1938人。学科覆盖文、史、哲、理、工、经、管、法、艺9大门类，数学学科是世界一流建设学科，化学、材料科学、工程学、数学、计算机科学、环境/生态学6个学科的ESI排名进入全球大学和科研机构前1%。

学校的国际影响力日益提升，先后与美国、英国、日本等20多个国家和地区的70余所高校和科研机构建立了广泛的交流合作关系，开展了30多个国际合作培养项目，是教育部“中非高校20+20合作计划”中方入选高校和“一带一路”高校联盟入选高校，分别与西班牙莱昂大学和乌干达麦克雷雷大学合作共建孔子学院。

第二轮“双一流”建设学科

数学。

国家重点学科

计算数学、一般力学与力学基础、马克思主义中国化研究。

国内一流建设学科

法学、数学、材料科学与工程、马克思主义理论、化学工程与技术。

江西／安徽

江西／

南昌大学

江西财经大学

安徽／

中国科学技术大学

合肥工业大学

安徽大学

南昌大学

Nanchang University

校训：格物致新、厚德泽人

学校信息

院校代码： 10403

建校时间： 1921 年

学校类别： 综合类

办学层次： “双一流”“211 工程”

学校地址： 江西省南昌市红谷滩区学府大道 999 号

光辉岁月

1921 年：
江西公立医学专门学校成立

1937 年：
国立中正医学院成立

1940 年：
国立中正大学成立

1958 年：
江西工学院、江西大学成立

2005 年：
这 5 所学校经过多次变更，最终合并为南昌大学

知名校友

- **熊仁根**：中国科学院院士，南昌大学国际有序物质科学研究院教授。

学校成就

学科建设和科研成果：南昌大学在各个学科领域都取得了一定的成就，在某些领域具有国内领先地位，如工程技术、信息科学、医学等。学校在科研方面取得了一系列突出成果，推动了学科的发展和学术的进步。

人才培养：南昌大学注重人才培养，培养了大量优秀人才，他们在各行各业都取得了突出的成就，为国家和社会做出了重要贡献。

社会服务与产业合作：南昌大学积极服务地方经济社会发展，与企业和政府开展产学研合作，促进科研成果的转化和应用，推动了地方经济的发展。

国际交流与合作：南昌大学积极开展国际交流与合作，与世界各地的高校和科研机构建立了合作关系，拓展了国际视野，提升了学校的国际影响力和竞争力。

名校风采

学校地处“英雄城”南昌市，拥有前湖、青山湖、东湖3个校区，其中前湖主校区占地面积4264.54亩，校舍建筑面积150万平方米。本部现有在编教职工4235人（其中专任教师2687人，高级职称1589人），全日制本科学生35900余人。

学校现有42个教学单位，13个学科门类、92个本科招生专业，22个博士学位授权一级学科，3个博士专业学位授权类别，18个博士后科研流动站；49个硕士学位授权一级学科，35个硕士专业学位授权类别。学校设有5所直属附属医院，共有9个国家临床重点专科。材料科学与工程学科入选国家“双一流”建设学科，6个学科入选省一流学科。15个学科进入ESI全球排名前1%，其中农业科学（以食品科学为主）进入全球排名前0.326‰；食品科学在US News全球大学学科排名中位居第7位。

专业聚焦

第二轮“双一流”建设学科

材料科学与工程。

国家重点学科

食品科学、材料物理与化学。

国家重点（培育）学科

材料加工工程。

江西财经大学

Jiangxi University of Finance and Economics

校训：信敏廉毅

院校代码：10421

建校时间：1923 年

学校类别：财经类

学校地址：江西省南昌市国家经济技术开发区双港东大街 169 号

1923 年：
江西省立商业学校创建

1958 年：
江西财政经济学院成立

1980 年：
成为财政部部属院校

1996 年：
更名为江西财经大学

文化长廊

自2009年至今，学校立项国家社科基金项目380项，其中重大招标项目25项；立项国家自然科学基金项目486项，其中重点项目2项。10余项研究成果编入国家社科规划办《成果要报》并送中央领导决策参考，363篇研究成果、调研报告获中央和省部级领导批示。

学校现有教育部工程研究中心1个（培育）、江西省“2011协同创新中心”4个、江西省高校人文社科重点研究基地7个、江西省哲学社会科学重点研究基地5个、江西省工程技术研究中心2个、江西省重点实验室2个、江西省高校重点实验室1个、江西省软科学研究基地1个、江西省工程研究中心1个，江西省级重点智库1个。主办的《当代财经》入选新闻出版总署首届“全国百强社科期刊”、第三届国家期刊奖百种重点期刊、全国高校权威社科期刊；《江西财经大学学报》（双月刊）入选全国高校社科精品期刊，两刊均为CSSCI来源期刊、全国中文核心期刊。

名校风采

江西财经大学位列中国财经类大学排行榜第七名，校友会中国大学排行榜第98位，是以经济、管理类学科为主，法、工、文、理、艺术等学科协调发展的大学。学校坐落于“英雄城”南昌，东临赣江碧水，西接梅岭烟霞，北吸锦绣庐山之灵气，南纳雄伟井冈之精神。有蛟桥园、麦庐园、枫林园、青山园4个校区（不含独立学院共青校区），占地面积共2200余亩。校园幽香雅静，错落有致，层峦叠翠，湖光潋滟，是全国绿化300佳单位之一。

学校虽然不是211高校，但在全国第四轮学科评估中，江西财经大学的应用经济学与统计学都是A−。而工商管理在江西财经大学也不弱，是B+。理论经济学、法学、管理科学与工程是B，公共管理是B−，马克思主义理论是C+，计算机科学与技术是C−。

国家级一流本科专业建设点

经济学、税收学、保险学、信息与计算科学、工程管理、国际商务、物流管理、电子商务、产品设计、数字媒体艺术、经济统计学、财政学、金融学、国际经济与贸易、法学、社会工作、应用统计学、计算机科学与技术、软件工程、信息管理与信息系统、工商管理、市场营销、会计学、财务管理、人力资源管理、劳动与社会保障、旅游管理。

国家级特色专业

金融学、市场营销、会计学、信息管理与信息系统、财政学、法学。

中国科学技术大学

University of Science and Technology of China

校训：红专并进、理实交融

学校信息

院校代码：10358

建校时间：1958 年

学校类别： 理工类

办学层次：“双一流”“211 工程”“985 工程”

学校地址： 安徽省合肥市金寨路 96 号

光辉岁月

1958 年：
在北京创建，郭沫若任首任校长

1970 年：
迁入安徽省合肥市办学

1995 年：
入选国家“211 工程”重点建设高校

1999 年：
入选国家“985 工程”建设高校

2017 年：
入选国家“双一流”建设 A 类高校

2022 年：
入选第二轮“双一流”建设高校及建设学科名单

首任校长——郭沫若

中国科学技术大学于1958年9月在北京创建，郭沫若任首任校长。

1959年9月8日，郭沫若在中国科大1959级新生开学典礼上作题为《勤奋学习，红专并进》的长篇演讲。在演讲中，他首次对校风做了总结："我们的校风是好的，就是勤俭办学，艰苦朴素，红专并进，团结互助。"会后，郭沫若专门题词"勤奋学习，红专并进"八字箴言，勉励师生奋力前行。

红色血脉，代代相传

中国科学技术大学党委书记舒歌群为2023届毕业生上毕业思政课，勉励学生坚定科技强国信心、传承红色科大精神、接续民族复兴伟业，鼓舞毕业生积极投身全面建设社会主义现代化国家新征程。于1958年创建的中国科学技术大学，是我党亲手创办的红色大学，是为"两弹一星"事业而建立的大学。学校秉持"红专并进、理实交融"的校训，坚守"科教报国、追求卓越"的初心，充分挖掘校史和传统中的红色资源，继承和发扬抗大精神、"两弹一星"精神和老一辈科学家精神，通过多种方式，教育引导学生在传承红色基因中坚定报国信念、在赓续红色血脉中汲取创新力量。

名校风采

中国科大星

中国科大星，是校名，更是星名。2007年1月，在科大最初筹备50年校庆活动的日子里，国家天文台研究决定，为科大的50华诞献上一份特殊的礼物，特此选定编号为19298这颗于1996年9月20日由国家天文台施密特CCD小行星项目组在兴隆观测站发现的小行星命名为“中国科大星”，并向国际组织提出了申请。经过国际天文学联合会所属的小天体命名委员会讨论通过，国际小行星中心于2007年4月2日发布第59386号《小行星通报》，正式通知国际社会，第19298号小行星被永久命名为“中国科大星”。

艺术教学中心

2022年9月20日，中国科学技术大学艺术教学中心正式启用。艺术教学中心位于中国科学技术大学中校区学生生活服务中心三层与四层，是相对专业的学生艺术教学与活动空间，包括美术、音乐、舞蹈教学用房、艺术展厅和琴房等。中心的设计以科学与艺术的交叉融合为理念，在结合中国科大学校特色的前提下，打造“艺术 + 科技”的共享空间，让艺术教学中心成为求真、求美之地，成为师生可以自由思考、触发无限灵感的美育之所。

专业聚焦

第二轮“双一流”建设学科

数学、物理学、化学、天文学、地球物理学、生物学、科学技术史、材料科学与工程、计算机科学与技术、核科学与技术、安全科学与工程。

一级学科国家重点学科

数学、物理学、化学、地球物理学、生物学、科学技术史、力学、核科学与技术。

二级学科国家重点学科

天体物理、地球化学、通信与信息系统、计算机软件与理论。

国家重点（培育）学科

安全技术及工程、管理科学与工程。

合肥工业大学

Hefei University of Technology

校训：厚德、笃学、崇实、尚新

学校信息

院校代码： 10359

建校时间： 1945 年

学校类别： 理工类

办学层次： “双一流”“211 工程”

学校地址： 安徽省合肥市包河区屯溪路 193 号

光辉岁月

1945 年： 学校前身安徽省立蚌埠工业职业学校建立

1958 年： 更名为合肥工业大学

1998 年： 划转为教育部直属高校

2005 年： 进入国家“211 工程”重点建设高校行列

2009 年： 列入国家“985 工程”优势学科创新平台建设计划高校

2017 年： 入选国家首批“双一流”建设高校名单

2022 年： 入选第二轮“双一流”建设高校名单

文化长廊

笃学问道，尽己奉献

合肥工业大学深怀“工业报国”之志，秉承“厚德、笃学、崇实、尚新”的校训，以“培养德才兼备、能力卓越、自觉服务国家的骨干与领军人才”为人才培养总目标，形成了“工程基础厚、工作作风实、创业能力强”的人才培养特色。培育践行“爱国爱校、笃学问道、团结合作、尽己奉献、追求一流”的校园文化，不断深化教育教学改革，人才培养质量持续提高，“千人一名领军人才”的人才培养成效被新华社等多家媒体持续广泛追踪报道。学校已经成为国家人才培养、科学研究、社会服务、文化传承创新和国际交流合作的重要基地。

名校风采

校园内的古迹——娘娘池

合肥工业大学六安路校区是原安徽工学院的校址，1997年1月与合肥工业大学合并，组建成新的合肥工业大学。六安路校区也被称为北校区，校园内景色宜人、古迹颇丰，一砖一瓦、一草一木都是从合工大毕业的学子的见证者。在六安路校区内，有一处“娘娘池”，它不仅是引来无数学子前来休憩的风景名地，也是始建于清嘉庆年间的庐州古迹。“娘娘池”的存在，如同点缀了合肥北城区的一颗璀璨明珠，在无数合工大学子心里留下了深深的记忆。

第二轮“双一流”建设学科

管理科学与工程。

一级学科国家重点学科

管理科学与工程。

二级学科国家重点学科

机械设计及理论、电力电子与电力传动、农产品加工及贮藏工程（培育）。

安徽大学

Anhui University

校训：至诚至坚，博学笃行

学校信息

院校代码： 10357

建校时间： 1928 年

学校类别： 综合类

办学层次： “双一流”“211 工程”

学校地址： 安徽省合肥市蜀山区肥西路 3 号

光辉岁月

1928 年：
安徽大学肇基于时为省会的安庆市，开启安徽现代高等教育之先河

1956 年：
迁至合肥

文化长廊

知名校友

- **汪旭光**：中国工程院院士，炸药与爆破技术专家，1963年毕业于安徽大学。
- **李扬**：财政金融专家，中国社会科学院学部委员，中国社会科学院一级研究员，1981年获得安徽大学经济学学士学位。

名校风采

安徽大学坐落于素有“三国故地、包拯家乡，江淮首郡、吴楚要冲”美誉的历史文化名城、安徽省省会合肥市。学科覆盖理学、工学、文学、历史学、哲学、经济学、法学、管理学、教育学、艺术学、交叉学科11大门类。现有本科生31321人，教职工3360余人。

学校拥有2个国家级重点学科、25个省级重点学科，8个学科进入ESI排名全球前1%（4个学科进入前3‰）。截至2023年11月29日，安徽大学自然指数排名位居全国第46名，材料科学与工程学科发展指数在一流学科年度发展指数评价中位居全国第2名。

专业聚焦

国家级重点学科

汉语言文字学、计算机应用技术。

省级重点学科

中国哲学、外国哲学、政治经济学、金融学、马克思主义发展史、经济法学、文艺学、中国古代文学、英语语言文学、新闻学、历史文献学（含古文字学）、专门史、基础数学/概率论与数理统计、理论物理、无机化学、高分子化学与物理、生物化学与分子生物学、生态学、材料物理与化学、电路与系统、电磁场与微波技术、通信与信息系统、信号与信息处理、企业管理、电子科学与技术。

ESI世界前1%学科

材料科学、化学、工程学、计算机科学、数学、环境/生态学、物理学、生物与生物化学。

广东／福建

广东／

中山大学

华南理工大学

暨南大学

华南农业大学

深圳大学

华南师范大学

南方科技大学

福建／

厦门大学

福州大学

福建师范大学

福建农林大学

中山大学

Sun Yat-sen University

校训：博学、审问、慎思、明辨、笃行

学校信息

院校代码： 10558

建校时间： 1924 年

学校类别： 综合类

办学层次：“双一流”“211 工程”“985 工程”

学校地址： 广东省广州市海珠区新港西路 135 号

光辉岁月

1924 年：
国立广东大学创立

1926 年：
更名为国立中山大学

1952 年：
与岭南大学等高校的部分系科合并，定名为中山大学

2001 年：
原中山大学和中山医科大学合并组建新的中山大学

文化长廊

中山大学是孙中山先生于1924年亲手创办的大学，也是中国传播马克思主义的重要发源地之一，具有优良革命传统、鲜亮红色基因和卓越品格追求。在近百年的办学历史中，中山大学会聚一大批蜚声海内外的名家大师，学术文脉积淀深厚。

名校风采

以美育人，以文化人

中山大学坚持以美育人、以文化人，持续开展校园文艺活动。制订加强和改进美育工作的方案，举办“诗乐党史”草地音乐会、“我和我的祖国”“奋进新征程”音乐会9场、新年音乐会等，到中山大学附属小学、广雅中学、潮州开展高雅艺术进校园活动并在澄海樟林古港红头船演出，发挥以美育人、营造氛围、凝聚人心的作用。与此同时，中山大学鼓励和支持学生积极参加体育锻炼，不断提升本科生体质健康水平。学校建设有6支高水平运动队，其中5支高水平运动队已发展为国内高校一流强队。22支普通生运动代表队在排球、篮球、武术、健美操、游泳、跆拳道、赛艇、龙舟、棒垒球等10多个项目上获得100多枚全国比赛奖牌，在国内高校中具有较大影响力。

专业聚焦

第二轮“双一流”建设学科

哲学、工商管理、数学、化学、生物学、生态学、电子科学与技术、材料科学与工程、基础医学、临床医学、药学。

一级学科国家重点学科

生物学、工商管理。

二级学科国家重点学科

马克思主义哲学、逻辑学、人类学、思想政治教育、中国古代文学、英语语言文学、中国古代史、中国近现代史、基础数学、凝聚态物理、无机化学、高分子化学与物理、人文地理学、内科学（内分泌与代谢病）、内科学（肾病）、神经病学、外科学（普外）、眼科学、耳鼻咽喉科学、肿瘤学、卫生毒理学、药理学、行政管理。

华南理工大学

South China University of Technology

校训：博学慎思，明辨笃行

学校信息

院校代码： 10561

建校时间： 1918 年

学校类别： 理工类

办学层次： “双一流”“211 工程”“985 工程”

学校地址： 广东省广州市天河区五山路 381 号

光辉岁月

1918 年：
广东省立第一甲种工业学校成立

1952 年：
学校正式组建，它是新中国“四大工学院”之一

1988 年：
华南工学院更名为华南理工大学

1995 年：
进入“211 工程”行列

2001 年：
进入“985 工程”行列

知名校友

王迎军： 生物材料科学与工程专家，中国工程院院士，华南理工大学教授、博士生导师、国家人体组织功能重建工程技术研究中心主任。1978年，王迎军本科毕业于华南理工大学；1981年，获华南理工大学硕士学位；1997年，获华南理工大学博士学位。2015年，当选中国工程院院士。

在华南理工大学的校园内，有全国知名的工程技术研究中心和重点实验室，还有丰富多彩的校园活动和社团组织欢迎学生们加入，如旅游协会、集邮协会等。与此同时，校园中还有大量的艺术品和雕塑，烘托了别样的文化氛围，漫步其中，可获得视觉和心灵的双重享受。华南理工大学还会定期举办“文艺生活节”等活动，学生们可以尽情地展示自我。

第二轮“双一流”建设学科

化学、材料科学与工程、轻工技术与工程、食品科学与工程。

国家级一流本科专业建设点

法学、数学与应用数学、应用物理学、应用化学、机械工程、材料科学与工程、高分子材料与工程、电气工程及其自动化、光电信息科学与工程、信息工程、自动化、计算机科学与技术、软件工程、土木工程、化学工程与工艺、知识产权、运动训练、商务英语、传播学、生物技术、工程力学、机械电子工程、工业设计、过程装备与控制工程、能源与动力工程、交通工程、环境工程、生物医学工程、食品质量与安全、工业工程、环境设计等。

暨南大学

Jinan University

校训：忠信笃敬

学校信息

院校代码：10559

建校时间：1906 年

学校类别：综合类

办学层次：“双一流”“211 工程”

学校地址：广东省广州市天河区黄埔大道西 601 号

光辉岁月

1906 年：
学校前身暨南学堂建立

1927 年：
更名为国立暨南大学

1996 年：
成为全国面向 21 世纪重点建设的大学之一

2017 年：
入选国家“双一流”建设高校

2022 年：
入选国家第二轮“双一流”建设高校

文化长廊

东渐于海，和而不同

暨南大学是中国第一所由政府创办的华侨学府。“暨南”二字出自《尚书·禹贡》：“东渐于海，西被于流沙，朔南暨，声教讫于四海。”意即面向南洋，将中华文化远播到五洲四海。学校目前是中央统战部、教育部、广东省人民政府共建的国家“双一流”建设高校，直属中央统战部管理。暨南大学素有“华侨最高学府”之称，恪守“忠信笃敬”的校训，注重以中华优秀传统文化培养造就人才。暨南大学积极贯彻“面向海外，面向港澳台”的办学方针，建校至今，共培养了来自世界五大洲170多个国家和地区的各类人才50余万人，堪称桃李满天下。

名校风采

暨南学子，如日方升

暨南大学校园文化多元共融，校园里拥有形式各样的社团活动，丰富了学生们的大学生活。暨南学子在国内外高水平赛事中屡创佳绩，暨南健儿苏炳添、陈艾森、谢思埸等在奥运会等重大国际赛事上为国争光。暨南大学入选全国首批深化创新创业教育改革示范高校，毕业生深受海内外用人单位好评，就业率一直位居同类院校前列。

专业聚焦

第二轮“双一流”建设学科

药学。

国家级一流本科专业建设点

财政学、知识产权、华文教育、汉语言、日语、翻译、网络与新媒体、数学与应用数学、应用物理学、生态学、工程力学、电子信息工程、土木工程、环境科学等。

华南农业大学

South China Agricultural University

校训：修德、博学、求实、创新

学校信息

院校代码： 10564

建校时间： 1909 年

学校类别： 农林类

办学层次：“双一流”

学校地址： 广东省广州市天河区五山路 483 号

光辉岁月

1909 年：
前身为广东全省农事试验场暨附设农业讲习所

1952 年：
由原中山大学农学院、岭南大学农学院和广西大学农学院畜牧兽医系及病虫害系的一部分合并成立华南农学院

1984 年：
更名为华南农业大学

文化长廊

早春风光

华南农业大学坐落在素有“花城”美誉的广州市，校园内，自然景色与人文景观交相辉映，形成了“五湖四海一片林”的优美环境。早春时节是校园内樱花的盛放之际，据说，华南农业大学自2009年就开始种植樱花了，如今，校园内已有近2000株樱花，以寒绯樱、广州樱等亚热带品种为主，樱花刚盛开的时候颜色鲜艳无比，随着时间的推移，花朵颜色呈粉色，且开得越来越旺盛。

名校风采

华南农业大学是一所以农业科学、生命科学为优势，农、工、理、文、史、经、管、法、艺、哲等多学科协调发展的综合性大学。学校学科门类齐全，有98个本科专业，13个博士学位授权一级学科，2个博士专业学位类别，29个硕士学位授权一级学科，20个硕士专业学位类别。

专业聚焦

第二轮“双一流”建设学科

作物学。

二级学科国家重点学科

作物遗传育种、农业昆虫与害虫防治、农业经济管理、果树学、预防兽医学。

深圳大学

Shenzhen University

校训：自立、自律、自强

学校信息

院校代码： 10590

建校时间： 1983 年

学校类别： 综合类

学校地址： 广东省深圳市南山区南海大道 3688 号

光辉岁月

1983 年： 学校创立

1997 年： 全面推进学院制建设

知名校友

梁光伟：深圳华强集团有限公司原董事长、总裁，1985年就读深圳大学电子技术与计算机专业。在梁光伟的带领下，华强集团经过10年的自主创新，借助高科技手段，创新文化业态，打造“创、研、产、销”一体化的产业链，初步形成“文化+科技”的产业发展新模式，受到党和国家领导人的高度评价。

深圳大学是“全国十大最美校园”之一。走进深大，满目青葱，因满园荔枝树，所以深大又名荔园。2023年的夏天，学校就以“大学摘10万斤荔枝请全校免费吃”，冲上热搜第一。

当你穿梭在林荫小道，时而漫步，时而停驻，文山湖和洗星湾畔的晚风，路边的猫、停在枝头的鸟，点点滴滴皆是美好。深大的地理位置极佳，位于寸土寸金的南山区，200余家上市公司云集周边，校内便可看见腾讯滨海大厦。

深大拥有各类社团100余个，校园活动丰富多彩，荔枝节、彩色跑、名人讲座、志愿服务、社会实践……在这里，开放自由的氛围为你的大学生活带来无数种可能。

校园总面积2.72平方千米，截止2024年6月，学校在校生总数达44554人，其中本科生28792人。有27个学院，104个本科专业，涵盖教育、文、史、哲、医、理、经、法、管、工、艺术11个学科门类。教学、科研仪器设备总值49亿元。

建校41年来，深圳大学秉承“自立、自律、自强”的校训，紧随特区，锐意改革、快速发展，在较短的时间内形成了从学士、硕士到博士的完整人才培养体系以及多层次的科学研究和社会服务体系，形成了“特区大学、窗口大学、实验大学”的办学特色，培养了近30万各类创新创业人才。

专业聚焦

国家级特色专业

电子信息工程、建筑学、工商管理、计算机科学与技术、金融学。

国家级一流本科专业建设点

广告学、心理学、电子信息工程、通信工程、光电信息科学与工程、计算机科学与技术、软件工程、土木工程、生物医学工程、建筑学、城乡规划、信息管理与信息系统、工程管理、工商管理、行政管理、经济学、金融学、英语、网络与新媒体、生物科学、生物技术、材料科学与工程、临床医学、市场营销、会计学、人力资源管理、法学、新闻学、信息与计算科学、化学、机械设计制造及其自动化、高分子材料与工程、自动化、视觉传达设计。

广东省特色专业

建筑学、电子信息工程、工商管理、计算机科学与技术、金融学、生物技术、法学、广告学、光信息科学与技术、自动化、会计学、生物科学、行政管理、微电子科学与工程。

华南师范大学

South China Normal University

校训：艰苦奋斗、严谨治学、

求实创新、为人师表

学校信息

院校代码：10574

建校时间：1933 年

学校类别：师范类

办学层次：“双一流”“211 工程”

学校地址：广东省广州市天河区中山大道西 55 号

光辉岁月

1933 年：
最初称为广东省立勷勤大学师范学院，是中国南方历史悠久的师范大学之一

1935 年：
更名为勷勤大学教育学院

1950 年：
更名为广东省文理学院

1951 年：
与中山大学师范学院、私立华南联合大学教育系联合组建华南师范学院

1970 年：
更名为广东师范学院

1977 年：
复名为华南师范学院

1982 年：
定名为华南师范大学

学校成就

学校物理学入选国家“双一流”建设学科名单，拥有教育技术学、发展与教育心理学、光学、体育人文社会学（重点培育）4个国家重点学科。与此同时，在教育部第四轮学科评估中，心理学被评为A+，与北京大学、北京师范大学并列top 1，体育学、教育学、马克思主义理论也进入A类学科，学科实力在国内师范院校中较强。

学校现有“三校区四校园”，包括广州校区石牌校园、大学城校园，佛山校区南海校园和汕尾校区滨海校园，总占地面积5328亩。学校设4个学部、38个学院、11个研究院（中心）。建校90年来，一代代华师人秉承建校之初“研究高深学术，养成社会之专门人才”的宗旨，践行“艰苦奋斗、严谨治学、求实创新、为人师表”的校训，扎根岭南，笃志树人，为国家培养了90余万名教师和各类人才。

专业聚焦

第二轮“双一流”建设学科

物理学。

国家重点学科

教育技术学、发展与教育心理学、光学、体育人文社会学（重点培育）。

ESI 世界前 1% 学科

材料科学、化学、工程学、植物学与动物学、环境科学与生态学、数学、社会科学总论、精神病学与心理学、物理学、神经科学与行为科学、临床医学。

南方科技大学

Southern University of Science and Technology

校训：明德求是，日新自强

学校信息

院校代码： 14325

建校时间： 2010 年

学校类别： 理工类

办学层次： “双一流”

学校地址： 广东省深圳市南山区学苑大道 1088 号

光辉岁月

2010 年：
教育部批准深圳市人民政府正式筹建南方科技大学

2012 年：
教育部批准成立南方科技大学

知名校友

李晓阳：2016届本科校友，2020届香港大学联合培养博士校友，电子与电气工程系通信工程专业毕业生。现为南科大校长卓越博士后，对群体智能、边缘学习、空中计算、通信感知计算一体化等多个无线通信前沿方向进行研究。福布斯中国2022年度30 Under 30榜单中，李晓阳作为社会企业和教育新星入选。

十年成名学，一朝天下知。

南科大2010年才开始筹建，但经过10年左右就在国内高等教育领域占据了重要位置：在2021中国大学排名中，“双非”高校的南科大名列国内高校第41名；泰晤士高等教育发布的2022年最新世界大学排名榜单中，南科大更是超越众多老牌大学位列国内高校第9名。

学校占地总面积198万平方米，规划总建筑面积为141.01万平方米。学科设置以理、工、医为主，兼具商科和特色人文社科的学科体系。已设立理学院、工学院等八大学院，开设39个本科专业，已签约引进教师约1400人，包括院士62人。

第二轮“双一流”建设学科

数学。

ESI世界前1%学科

免疫学、地球科学、计算机科学、化学、材料科学、工程学、临床医学、环境生态学、物理学。

厦门大学

Xiamen University

校训：自强不息、止于至善

学校信息

院校代码：10384

建校时间：1921 年

学校类别：综合类

办学层次：“双一流”“211 工程”“985 工程”

学校地址：福建省厦门市思明区思明南路 422 号

光辉岁月

1921 年：
陈嘉庚先生创办厦门大学

1937 年：
改为国立厦门大学

1951 年：
原省立福建农学院并入厦大，原私立福建学院的政治、法律、经济三系并入厦大

1963 年：
改为直属教育部的全国重点综合性大学

1995 年：
进入国家“211 工程”建设行列

2001 年：
被列入国家“985 工程”一期重点建设高校

2017 年：
入选国家“双一流”建设高校

厦门大学创始人

在祖国东南，有一位实业家，为了祖国的未来，为了民族的安危，将自己大部分资产全部捐献，为民族独立和富强做出了不可磨灭的贡献，他便是厦门大学创始人——陈嘉庚。陈嘉庚对中华民族充满了深情挚爱，为中华民族的振兴做出了巨大奉献。他以令人敬佩的勇气和赤诚，支持祖国人民的抗日战争和反帝反封建的民族民主解放运动，并在中华人民共和国成立后，积极参加祖国的社会主义建设，努力促进祖国的和平统一大业。

芙蓉湖

厦大最为人熟知的芙蓉湖位于厦门大学本部老校区的中央，是整个校园规划的点睛之笔。在厦门大学漳州校区北区也有一湖，名曰“芙蓉湖”，自然是老校区的衍生版本。芙蓉湖的得名和周边建筑芙蓉楼群一样，源自李光前的家乡南安芙蓉乡，李光前对厦大校园建设做出过重大贡献。厦大衔山含湖，树茂草密，楼宇隐于绿叶之际。厦大有湖，其名芙蓉。芙蓉者，出淤泥而不染。而此芙蓉湖，乃厦大灵秀之源，故以词咏之。

九大展览馆

厦门大学共有九大展览馆，如校史展览馆、人类博物馆、鲁迅纪念馆、陈嘉庚纪念馆、中国近现代文学展览馆……每个展览馆都有各自的活动，能让同学们品味历史文化，感受文博魅力。比如，在厦门大学人类博物馆里，专门设置了一排排闪亮的汉字灯带。在展览馆里，还使用AR、VR技术还原名画场景，如徐悲鸿的《雄鸡图》就以水墨动画的形式，呈现在观众眼前。

第二轮“双一流”建设学科

教育学、化学、海洋科学、生物学、生态学、统计学。

一级学科国家重点学科

理论经济学、应用经济学、化学、海洋科学、工商管理。

二级学科国家重点学科

国际法学、高等教育学、专门史、基础数学、凝聚态物理、动物学、水生生物学、细胞生物学、环境科学。

福州大学

Fuzhou University

校训：明德至诚，博学远志

学校信息

院校代码：10386

建校时间：1958 年

学校类别：理工类

办学层次：“双一流”“211 工程”

学校地址：福建省福州市福州大学城乌龙江北大道 2 号

光辉岁月

1958 年：
福州大学创建

1997 年：
福州大学进入国家“211 工程”行列

2017 年：
成为国家“双一流”建设高校

文化长廊

学校成就

学校12个学科进入ESI学科全球排名前1%，其中化学、工程学进入ESI学科全球排名前1‰。学校综合实力在“2023软科世界大学学术排名”位居全球第282名，内地高校48名；在U. S. News 2023世界大学排行榜位居全球第531名，内地高校第52名；在2024QS亚洲大学排名位居第247名，内地高校并列55名。

名校风采

福州大学是一所以工为主、理工结合，理、工、经、管、文、法、艺等多学科协调发展的重点大学。学校设有27个学院（含1个独立学院和1个中外合作办学学院），现有在校普通本科学生39218人，教职工3306人，有1个国家级大学科技园，12个国家级、124个省部级科技创新平台，29个省部级社科平台。

福州大学有个“神奇的课堂”——第二课堂，它区别于传统的教学模式，课堂由不同的学生社团进行授课，交流经验，教学相长，在实践中汲取知识养分，一同徜徉于兴趣和乐趣的海洋。第二课堂不仅闻名校内，还名声在外，曾被“学习强国”同学汇首页推荐，列为月度人气作品。

专业聚焦

第二轮“双一流”建设学科

化学。

国家重点学科

物理化学。

国家重点（培育）学科

结构工程。

福建省特色重点学科

土木工程、数学、管理科学与工程、电气工程、机械工程、材料科学与工程。

省级重点学科

化学、土木工程、化学工程与技术、数学、地理学、电气工程、机械工程、计算机科学与技术、电子科学与技术、信息与通信工程、环境科学与工程、工商管理、管理科学与工程、药学、材料科学与工程、应用经济学、控制科学与工程、公共管理、地质资源与地质工程、法学、生物学、生物医学工程、水利工程、建筑学、食品科学与工程、设计学。

福建师范大学

Fujian Normal University

校训：知明行笃，立诚致广

学校信息

院校代码： 10394

建校时间： 1907 年

学校类别： 师范类

学校地址： 福建省福州市仓山区上三路 8 号

光辉岁月

1907 年：
清朝帝师陈宝琛创办福建优级师范学堂

1953 年：
福建师范学院成立

1972 年：
易名为福建师范大学，并沿用至今

知名校友

姚建年：中国科学院院士，现为中国科学院化学研究所研究员、光化学院重点实验室主任，中国化学会理事长，1982年毕业于福建师范大学化学系化学专业。

学校成就

学校拥有国家重点学科1个、福建省第二轮“双一流”建设主干学科3个、省高峰学科9个和高原学科13个，博士后科研流动站20个，博士学位授权一级学科19个，博士专业学位授权点3个，硕士学位授权一级学科32个，硕士专业学位类别26个。化学、工程学、材料科学、计算机科学、环境科学与生态学、农学、社会科学总论、植物与动物学8个学科进入ESI全球排名前1%，其中5个学科进入ESI前5‰。

百载春秋，薪火相传

福建师范大学坐落于素有“海滨邹鲁”之誉的历史文化名城福州，是一所历史悠久、声誉斐然的百年省属高等学府。百载春秋，薪火相传，叶圣陶、郭绍虞等诸多蜚声海内外的大师巨匠曾在学校任教。

学校有旗山、仓山2个校区，占地面积4000多亩。截止2024年5月，学校拥有全日制普通本科学生2.5万余人。学校积极发挥地处21世纪海上丝绸之路核心区、毗邻台港澳等区位优势，着力深化对外交流与合作。目前已与美国、英国、意大利、澳大利亚、日本等国家和地区的130多所高校、科研机构及联合国教科文组织建立友好合作关系，与台湾地区40多所高校建立实质性合作关系。

专业聚焦

国家级特色专业

美术学、体育学类、汉语言文学、音乐学、英语、物理学、数学与应用数学、地理科学、经济学、历史学。

省级特色专业

教育学、化学、电子信息工程、心理学、思想政治教育、生物科学、软件工程、光电信息科学与工程、计算机科学与技术。

国家级一流本科专业建设点

教育学、学前教育、心理学、经济学、汉语言文学、思想政治教育、历史学、英语、旅游管理、音乐学、体育教育、美术学、数学与应用数学、计算机科学与技术、物理学、光电信息科学与工程、化学、地理科学、广播电视学、广播电视编导、法学、高分子材料与工程、国际经济与贸易、生物科学、生物工程、运动训练、翻译、舞蹈学、自然地理与资源环境、汉语国际教育、环境工程、小学教育、金融学、服装与服饰设计、统计学、社会体育指导与管理。

福建农林大学

Fujian Agriculture and Forestry University

校训：明德、诚智、博学、创新

学校信息

院校代码： 10389

建校时间： 1936 年

学校类别： 农林类

学校地址： 福建省福州市仓山区上下店路 15 号

光辉岁月

1936 年：
福建协和大学设立农科

1940 年：
福建省立农学院创建

1952 年：
两大文脉汇集成立福建农学院

1958 年：
成立福建林学院

1994 年：
福建农学院更名为福建农业大学

2000 年：
原福建农业大学和原福建林学院合并组建新的福建农林大学

文化长廊

学校成就

学校9个学科入选国家林业和草原局重点学科。10个学科领域进入ESI全球排名前1%，其中植物学与动物学、农业科学进入ESI全球排名前1‰。

学校入选自然指数全球科研机构排行500强，居国内农林高校第7名，现有省部共建国家重点实验室1个、全国重点实验室（共建）1个、国家工程技术研究中心2个、省部共建“2011协同创新中心”2个、国家地方联合工程实验室2个、教育部重点实验室（工程研究中心）4个、教育部国际合作联合实验室1个、教育部区域和国别研究中心1个、农业农村部重点实验室（研发中心、试验站、分中心）14个、国家林业和草原局重点实验室（工程技术研究中心、研究中心、研究基地）10个、自然资源部工程技术创新中心1个。

名校风采

福建农林大学地处海上丝绸之路门户福州，是一所以农林科学、生命科学为优势，理、工、经、管、文、法、艺等多学科发展的省属重点大学。综合实力在校友会2023中国大学排名中居第100名，在软科2023中国大学排名中居第116名。

学校现有金山校区、旗山校区、安溪校区和南平校区（基地）。本科生2.5万余人，教职工3195人，占地4900余亩，另有科教基地200余亩，教学林场5.5万余亩。校园三面山林环绕，风景秀丽，鸟语花香。

国家级重点学科

植物病理学。

国家级重点（培育）学科

作物遗传育种。

农业农村部重点学科

植物病理学、作物遗传育种。

国家林业和草原局重点学科（含培育）

林学、林业工程、风景园林学、生物学、生态学、农业资源与环境、农业经济管理、菌草学、生态文明建设与管理。

福建省高峰、高原学科

植物保护、作物学、林学、农业资源与环境、园艺学、农林经济管理、林业工程、生物学、食品科学与工程、生态学、风景园林学、畜牧学、兽医学、马克思主义理论、农业工程、公共管理、环境科学与工程、工商管理。

云南/贵州

云南/
云南大学
昆明理工大学

贵州/
贵州大学

云南大学

Yunnan University

校训：自尊、致知、正义、力行

学校信息

院校代码： 10673

建校时间： 1922 年

学校类别： 综合类

办学层次： “双一流”“211 工程”

学校地址： 云南省昆明市五华区翠湖北路 2 号

光辉岁月

1922 年：
云南大学始建，最初名为私立东陆大学

1934 年：
学校改名为省立云南大学

1938 年：
改名为国立云南大学

1950 年：
定名为云南大学

1978 年：
被教育部列为全国 88 所重点大学之一

1996 年：
列入国家“211 工程”重点建设大学

知名校友

陈景：中国工程院院士，1958年毕业于云南大学化学系，现为云南大学教授。

学校成就

学科建设：云南大学在部分学科领域取得了较高的学术水平和影响力，如生态学、民族学等。

科研成果：学校在科研领域取得了一定的成就，涉及农业、生态环境、药学等多个领域，产出了一系列有影响力的科研成果。

人才培养：云南大学培养了大量优秀人才，为社会各行各业输送了大批人才，其中不乏在学术、科研、工程技术等领域取得突出成就的人才。

社会服务：云南大学积极参与地方社会、经济发展，为云南及周边地区的社会发展做出了积极贡献，推动了当地经济的发展与社会的进步。

名校风采

云南大学下设28个学院、10个研究机构，1个附属医院，设有研究生院。截止2024年4月，学校拥有教职员工3300余人（不包括附属医院），其中专业技术岗位2800余人，具有高级职称人员1500余人，具有博士学位人员1700余人。学校拥有全日制本科生近17000人，全日制硕士研究生13000余人，博士研究生1900余人，学历教育国际学生600余人。

云南朴实的民风和各种各样的少数民族节日会让人流连忘返，在云南生活，将会享受到生活的悠闲和安逸。

由于云南地处中国与东南亚、南亚交通的要道，所以与周边国家的国际关系与交往十分密切。为了加大云南大学在这一地区的影响，促进该校对中国东盟自由贸易区建设和大湄公河次区域人才培养的贡献，国际关系研究院成立了大湄公河次区域研究中心，这一举措大大扩大了云南大学的知名度。

专业聚焦

第二轮“双一流”建设学科

民族学、生态学。

二级学科国家重点学科

民族学、生态学、专门史、微生物学。

昆明理工大学

Kunming University of Science and Technology

校训：明德任责、致知力行

学校信息

院校代码： 10674

建校时间： 1954 年

学校类别： 综合类

学校地址： 云南省昆明市一二一大街文昌路 68 号

光辉岁月

1954 年：
昆明工学院建立

1995 年：
学校更名为昆明理工大学

1999 年：
原昆明理工大学与原云南工业大学合并组建新的昆明理工大学

文化长廊

昆明理工大学涌现了一大批享誉全国乃至世界的科技创新人才和重要科技成果，其中屈维德教授首创“冲击消震原理”，应用于我国第一颗人造地球卫星的研制；李梦庚教授发明的“粗锡电热连续结晶机除铅铋工艺及设备”被西方冶金界誉为“20世纪锡冶金最伟大的发明”，与戴永年教授发明的“焊锡真空分离铅锡技术”联合构成了现代火法锡精炼技术，推广至全球炼锡厂；刘北辰教授发明了世界首座倒张拱钢索桥。同时，学校发明的“内热式多级连续真空蒸馏金属分离技术”世界领先，“大型化、连续化、自动化微波冶金反应装置”实现万吨级成套装备自主创新，“顶吹熔炼-闪速熔炼-自热熔炼三炉系联动的镍冶炼创新技术体系”属世界首创，复杂锡合金真空蒸馏新技术和新装备将世界锡精炼水平发展到新高度，贵金属合金真空气化分离关键技术构建了新一代绿色高效提炼贵金属技术，灵长类靶向基因编辑技术被评价为人类疾病模型研究的里程碑性工作……为国家乃至世界科技进步做出了重要贡献。

名校风采

昆明理工大学立足学科、地缘优势，不断加强国际合作与交流。目前，学校与36个国家和地区的110所高校及科研机构签订了合作协议，与老挝苏发努冯大学、尼加拉瓜国立自治大学（马那瓜）分别合作共建孔子学院，是云南-泰国大学联盟的中方牵头高校，在泰国设置了3个境外办学学院。学校入选国家“高等学校学科创新引

智计划”地方高校新建基地，1名外籍专家先后荣获国家国际科学技术合作奖和中国政府友谊奖，2名外籍专家荣获云南友谊奖。在面向周边国家的工程及管理人才培养、国际技术转让，面向发达国家的高水平合作研究与师生交流方面，学校逐渐形成了自身的特色和影响力。

昆明理工大学下设1个学部、28个学院（含2个产业学院、1个卓越工程师学院）、7个研究院，设有研究生院；有16个临床教学基地（含9个附属医院、7个教学医院）。截止2024年1月，学校拥有教职工4149人，其中，教授、副教授职称人员1363人，“两院院士”“国家高层次人才”特聘教授人选者、“杰青”等59人，“云南省科技领军人才”“云岭学者”等省部级人才732人。拥有学生50345人，其中本科生33527人，研究生16017人。

二级学科国家重点学科

有色金属冶金。

二级学科国家重点（培育）学科

环境工程。

云南省级重点一级学科

材料科学与工程、地质资源与地质工程、工商管理、管理科学与工程、机械工程、力学、环境科学与工程、建筑学、水利工程。

贵州大学

Guizhou University

校训：明德至善，博学笃行

学校信息

院校代码：10657

建校时间：1902 年

学校类别：综合类

办学层次：“双一流”“211 工程”

学校地址：贵州省贵阳市花溪区花溪大道南段 2708 号

光辉岁月

1902 年：
贵州大学堂建立

1950 年：
定名为贵州大学

1958 年：
贵州大学恢复重建

1997 年：
原贵州大学、原贵州农学院、原贵州艺术高等专科学校、原贵州省农业管理干部学院合并组建为贵州大学

2004 年：
贵州大学与贵州工业大学合并组建为新的贵州大学

知名校友

- **陈祖武：**历史学家，中国社会科学院学部委员，中国社会科学院历史研究所研究员、博士生导师，1965年毕业于贵州大学历史系。

学校成就

贵州大学是浙江大学、中国农业大学、华东师范大学对口合作建设高校。学校积极推动贵州高等教育发展，与贵州省9个市（州）高校开展对口合作。同时，学校与茅台集团、大北农集团、国家天文台、广西田园生化股份有限公司、磷化集团、中烟贵州分公司、贵阳农投集团、江苏丰山集团等500多家企业和科研单位签订了全面合作协议。实施贵州省“三区科技人才支持”“科技特派员行动”“博士村长”“教授、博士进企业”等行动计划，深化校地、校企合作，提升合作层次，校地合作覆盖全省9个市（州）各区县。

贵州大学占地面积4637.61亩，另有教学实验农场1181.26亩，图书馆藏书总量393万余册，电子图书374万余册。学科门类涵盖文学、历史学、哲学、理学、工学、农学、医学、经济学、管理学、法学、教育学及艺术学12类。下设40个学院，在校全日制本科学生34000余人，研究生16000余人。现有在职职工4200余人，其中专任教师2800余人，专任教师中具有博士学位占比59.64%。

现有世界一流建设学科1个、国家级重点学科1个、部省合建高校服务地方特色产业学科群2个、国内一流建设学科9个、区域一流建设学科10个；ESI全球前1%学科7个；“双万计划”一流专业总数84个，其中国家级52个；一级学科博士学位授权点19个、专业博士学位授权点1个；一级学科硕士学位授权点50个、专业硕士学位授权点28个。

第二轮“双一流”建设学科

植物保护。

国家重点学科

农药学。

国内一流建设学科

植物保护、大数据科学与技术学科群、生态学、农林经济管理、生物学、化学、法学、林学、材料科学与工程。